(Gravure d'Édouard Detaille, collection particulière, droits réservés)

1796-1797, du pont d'Arcole à la bataille de

Rivoli

Jean-Marie Mongin

Planches uniformologiques de Ludovic Letrun

Cartes Jean-Baptiste et Jean-Marie Mongin

HEIMDAL

Je souhaite dédier cet ouvrage à la mémoire
du Docteur Guy-François Hourtoulle
avec qui nous avions rêvé, il y a près de quinze ans déjà,
au récit de cette bataille mis en œuvre par nos soins...
Que sa bienveillante inspiration soit ici honorée.

Cet ouvrage est dirigé par Jean-Marie Mongin.
Conception, maquette et mise en pages : « *le Studio des éditions des Soixante* ».
Cartographie : Jean-Baptiste et Jean-Marie Mongin.

Éditions Heimdal.
BP 61350 - 14406 Bayeux Cedex
Téléphone : 02 31 51 68 68 - Fax : 02 31 68 60. E-mail : Editions.Heimdal@wanadoo.fr
Site internet : www.editions-heimdal.fr

ISBN 978-2-84048-459-2

État-major d'un général
de la République en route.
*(Édouard Detaille,
Collection particulière, droits réservés)*

Sommaire

Chapitre 1	La République et la Première Coalition	4
Chapitre 2	La campagne d'Italie	18
Chapitre 3	La bataille d'Arcole	30
Chapitre 4	La bataille de Rivoli	50
Chapitre 5	De Mantoue à Campo-Formio	78
Chapitre 6	Les Français à Arcole et Rivoli	94
Chapitre 7	L'armée autrichienne	126

Sources et bibliographie 142

1 la République et la Coalition

S'il est une date qui, depuis plus d'un siècle, est chargée de toute la symbolique de l'universalité républicaine, c'est bien ce 20 avril 1792. Le jour où le roi des Français recommande de déclarer la guerre au roi de Hongrie et de Bohême. De nombreux facteurs – pas toujours rationnels – ont amené la Révolution à faire la guerre à l'Europe entière. Une guerre qui allait accoucher d'un monde nouveau et la campagne d'Italie menée par le futur empereur des Français n'en est pas moins un épisode des plus importants.

Attardons-nous un peu sur les circonstances et les premiers acteurs de ce drame...

Acteurs qui ont tous, d'un bout à l'autre de la scène, intérêt à voir la guerre éclater entre la Révolution et le supposé « Concert des puissances »; même si ces intérêts sont, très souvent, étrangers les uns aux autres.

Au premier chef – majesté oblige – le roi peut y voir quelques avantages...

Le roi et la reine après Varennes

Après la fuite de la famille royale, son arrestation à Varennes et son retour – sous surveillance – dans la capitale, le roi est sur la corde raide constitutionnellement et politiquement. Il n'est pas sans pouvoir, mais celui-ci lui est désormais consenti par l'Assemblée élue par les Français.

Il est indéniable que Louis XVI n'est pas innocent dans la marche à la guerre, même si son attitude et ses actes oscillent, sans cesse, entre un désir de se servir de celle-ci comme moyen d'intimidation, de pression sur les révolutionnaires et sa volonté de la déclencher réellement pour se sauver et revenir à l'ordre ancien. En cas de guerre, tout bien pesé, le roi sort vainqueur dans tous les cas de figure. Un conflit court, gagné par les révolutionnaires, sert et renforce son prestige et ses nouvelles fonctions; une guerre remportée par l'étranger lui permet de restaurer, à coup sûr, ce fameux « ordre ancien », même si parfois la perspective d'une monarchie constitutionnelle ne semble pas l'effrayer outre mesure, tant « *son amour sincère pour la paix parvenait toujours à supplanter tous les autres sentiments dans son cœur*[1] ».

La reine Marie-Antoinette, toujours suspectée d'intelligence avec l'ennemi, haïe par le peuple et les politiques, soupçonnée de tous les complots, comme son royal époux, appelle à la guerre. Sa correspondance avec son frère, puis avec ses « réseaux » – comme nous pourrions dire aujourd'hui – ne laisse planer aucun doute. Elle n'a de cesse de réclamer, elle aussi, un congrès des nations pour intimider les révolutionnaires puis, une fois cette solution devenue irréaliste, d'en appeler à son frère pour envahir le royaume.

La Législative, une assemblée sur le fil

Le 14 septembre 1791, le roi vient prêter serment à la Constitution devant l'Assemblée; ce moment va déterminer une grande partie de la suite des événements et permettre aux Jacobins bellicistes, les Brissotins, de mettre en place leur stratégie et développer leur tactique.

Lors de cette lente montée vers la guerre, le rôle des différents ministres – Affaires étrangères, Guerre et Marine – demeure pour le moins contrasté. Peu sont

La guerre dans la Constitution de 1790

– Titre III, chapitre III, section première, article 2

La guerre ne peut être décidée que par un décret du Corps législatif, rendu sur la proposition formelle et nécessaire du roi, et sanctionné par lui. Dans le cas d'hostilités imminentes ou commencées, d'un allié à soutenir, ou d'un droit à conserver par la force des armes, le roi en donnera, sans aucun délai, la notification au Corps législatif, et en fera connaître les motifs.

Si le Corps législatif est en vacances, le roi le convoquera aussitôt.

Si le Corps législatif décide que la guerre ne doit pas être faite, le roi prendra sur-le-champ des mesures pour faire cesser ou prévenir toutes hostilités, les ministres demeurant responsables des délais.

Si le Corps législatif trouve que les hostilités commencées sont une agression coupable de la part des ministres ou de quelque autre agent du Pouvoir exécutif, l'auteur de l'agression sera poursuivi criminellement. Pendant tout le cours de la guerre, le Corps législatif peut requérir le roi de négocier la paix; et le roi est tenu de déférer à cette réquisition.

À l'instant où la guerre cessera, le Corps législatif fixera le délai dans lequel les troupes élevées au-dessus du pied de paix seront congédiées, et l'armée réduite à son état ordinaire.

– Titre III, chapitre IV, section III, articles 1, 2 et 3

Article premier.

Le roi seul peut entretenir des relations politiques au dehors, conduire les négociations, faire des préparatifs de guerre proportionnés à ceux des États voisins, distribuer les forces de terre et de mer ainsi qu'il le jugera convenable, et en régler la direction en cas de guerre.

Article 2.

Toute déclaration de guerre sera faite en ces termes: *de la part du roi des Français, au nom de la Nation.*

Article 3.

Il appartient au roi d'arrêter et de signer avec toutes les puissances étrangères, tous les traités de paix, d'alliance et de commerce, et autres conventions qu'il jugera nécessaires au bien de l'État, sauf la ratification du Corps législatif.

1. J.h. Clapham in *The causes of the war of 1792*, Cambridge 1899.

2. Des membres éminents du Club des Feuillants occupant des postes ministériels: Barnave, Duport et les frères Lameth. La Société des Amis de la Constitution, séante aux Feuillants, de tendance monarchiste constitutionnelle, ne conteste pas le pouvoir du roi. Le club est fondé le 18 juillet 1791, de la scission du club des jacobins, en réaction à l'agitation après Varennes et la fusillade du champ de Mars. Son influence faiblit rapidement.

3. 264 sont inscrits aux Feuillants, 186 aux Jacobins et 305 non inscrits qui voteront le plus souvent avec les Jacobins.

influents, trop effacés ou en perte de vitesse, et ceux qui tentent de jouer l'apaisement comme Delessart – un modéré qui considère que la guerre peut et doit être évitée – met tout en œuvre pour ne pas arriver à cette extrémité ; agissements qui lui sont par la suite reprochés et lui valent une accusation de trahison et d'intelligence avec l'ennemi. Narbonne – qui a la confiance de Louis XVI et des « Triumvirs » [2] – et Dumouriez, le Girondin « aventurier », sont deux ministres qui veulent la guerre. Des guerres bien différentes, toutefois, que l'on pourrait, à grands traits, simplifier : localisée et ponctuelle pour le premier, généralisée et universaliste pour le second. Après bien des vicissitudes et la prise en main de tout l'espace politique par les Brissotins, c'est la ligne dure incarnée au gouvernement par Dumouriez qui l'emporte le 20 avril 1792.

Le 30 septembre 1791 a lieu la dernière séance plénière de l'Assemblée constituante. Elle se sépare en faisant une ovation au roi, présent lors de la séance ; celui-ci a fait afficher une proclamation au peuple : *« Le terme de la Révolution est arrivé ; que la Nation reprenne son heureux caractère. »*

Le lendemain, 1er octobre, c'est la première réunion de l'Assemblée nationale législative, élue censitairement. Elle compte 745 députés[3]. L'Assemblée jure, bien évidemment, fidélité à la Constitution. Les premières décisions prises le 2, puis le 4, sont à l'image de ce que sera l'Assemblée législative : une incessante alternance de décisions radicales suivies d'indécisions et de tergiversations coupables.

Les Feuillants modérés...

On peut affirmer que les Feuillants sont les seuls acteurs d'importance estimant que la paix est l'unique choix raisonnable. Ils vont tenter – même si leurs propos et leurs attitudes ne sont pas toujours aussi tranchés – tout ce qui est en leur pouvoir pour persuader le roi de ne pas suivre ceux qui en appellent à la guerre. Et encore, faut-il nuancer, car les Feuillants sont divisés en deux clientèles, ceux qui suivent le « triumvirat » modéré – Barnave, Duport et Lameth – et les Fayettistes derrière le général La Fayette dont les ambitions politiques le poussent à se déterminer pour la Guerre. Barnave et ses amis ont tout tenté. Ils espèrent, tout d'abord, réunir en Congrès les grandes

Ci-dessus.
Le départ des volontaires sur le Pont-neuf à Paris, 1792, une image exaltant le patriotisme.
(Édouard Detaille, 1907, Collection particulière, droits réservés)

nations pour résoudre le problème des princes possessionnés d'Alsace – qui semble être la plus grande cause de discorde – et ainsi redonner à la France sa place au sein du concert des puissances européennes malgré la Révolution. Plus tard, ils lancent un appel au secours désespéré – le célèbre « Mémoire des Feuillants, » à l'empereur Léopold II quand le ministre Narbonne, pourtant favorisé par les Feuillants qui pensaient le manipuler, s'engage sur la voie de la guerre. L'échec de toutes ces tentatives et la disgrâce qui frappent les « Triumvirs » poussent, dès la fin du mois de janvier 1792, la plupart des modérés à rejoindre le parti de la Guerre...

Les Girondins, la minorité agissante

Jacques Pierre Brissot de Warville, ambitieux député girondin de Paris, devient, à l'issue de son discours du 20 octobre 1791, le chef de file des bellicistes. Dans sa diatribe qui commence par la dénonciation des émigrés et des ennemis de l'intérieur, il finit par attaquer les monarques européens qui veulent la disparition de la Révolution, de la Nation et le retour à l'Ancien régime. Il en appelle au sursaut de l'Assemblée et *« à la vengeance d'un peuple libre »*.

Dans les semaines qui suivent ce premier discours, les meilleurs orateurs girondins, de Isnard – député du Var – à Rühl en passant par Vergniaud, échafaudent toute une rhétorique guerrière, appelant au fil de leurs interventions à assumer ce rôle universel que l'Europe entière lui conteste : *« le Français est devenu le peuple le plus marquant de l'Univers.* [...] *Sa conduite doit répondre à sa nouvelle destinée.* [...] *Les Français voudraient la paix, mais que si on les force à tirer l'épée... »* Tout est bon pour pousser à la guerre : réinterprétation des faits, découverte de complots, exagération des dangers. En fait, derrière l'éloquence, se cache une stratégie de la provocation devant amener le Roi de France à se prononcer pour le conflit armé puisqu'il est le seul à pouvoir inviter l'assemblée législative à le voter. Le pouvoir, ensuite, sera à la portée des Girondins.

La minorité girondine a su entraîner la majorité des députés et le peuple dans son sillage. Tous finissent par reconnaître la nécessité de la guerre. L'opposition d'un Marat qui appelle à lutter contre l'ennemi intérieur avant que de se tourner contre « l'empire germanique », est bien trop marginale pour peser dans les débats. Seuls Robespierre et l'aile gauche girondine sauront développer un réel discours contre la guerre.

La déclaration de Pilnitz, 27 août 1791

Sa Majesté l'Empereur et Sa Majesté le Roi de Prusse ayant entendu les désirs et les représentations de Monsieur et de M. le Comte d'Artois, se déclarent conjointement qu'elles regardent la situation où se trouve actuellement Sa Majesté le Roi de France comme un objet d'un intérêt commun à tous les souverains de l'Europe.

Elles espèrent que cet intérêt ne peut manquer d'être reconnu par les Puissances dont le secours est réclamé ; qu'en conséquence elles ne refuseront pas d'employer, conjointement avec Leurs dites Majestés, les moyens les plus efficaces, relativement à leurs forces, pour mettre le Roi de France en état d'affermir, dans la plus parfaite liberté, les bases d'un gouvernement monarchique également convenable aux droits des souverains et au bien-être de la Nation française.

Alors, et dans ce cas, Leurs dites Majestés l'Empereur et le Roi de Prusse sont résolues d'agir promptement, d'un mutuel accord, avec les forces nécessaires, pour obtenir le but proposé et commun. En attendant, elles donneront à leurs troupes les ordres convenables pour qu'elles soient à portée de se mettre en activité.

À Pilnitz, le 27 août 1791. Léopold - Frédéric-Guillaume

Le café. Cette représentation idéalisée de la nouvelle société française, qui alliait fraternité et égalité des ordres, restitue l'atmosphère d'un véritable club politique. *(Huile sur toile de Jean-Baptiste Moret. Musée Carnavalet, tous droits réservés)*

Louis XVI à l'Assemblée législative avec ses ministres « jacoquins » déclarant la guerre, le 20 avril 1792. *(Estampe de Michel Hennin publié chez Webert, 1792, BNF-French Revolution Archives, Stanford USA)*

Malheureusement, l'avocat d'Arras, représentant à la Constituante, ne pouvait se présenter à l'élection pour l'Assemblée législative. Ses prises de position sont donc toutes prononcées au club des Jacobins et ses arguments ne peuvent influencer les députés du centre constitutionnel. De fait, le monopole de la parole est tout entier laissé aux Brissotins.

L'austrophobie, un sentiment partagé

Le renversement des alliances de 1756, qui fait de l'Autriche[4] une alliée de la France, est formalisé par le mariage de Marie-Antoinette – la sœur de l'empereur Léopold II – avec le dauphin Louis, futur roi de France.

Cette nouvelle situation exacerbe – a contrario – les soupçons de complot dans l'esprit de ceux qui jugent l'alliance contre nature : humiliation de la France après les désastreuses conséquences du traité de Paris achevant la Guerre de Sept ans ; état de léthargie de la puissance militaire. La guerre d'Indépendance américaine ne fera pas oublier ces déboires. Depuis 1756, les détracteurs du traité avec l'Autriche sont persuadés que seule une conspiration interne, orchestrée par Vienne, explique cette déchéance. Marie-Antoinette[5] est le dernier maillon de la chaîne des traîtres qui, de la Pompadour à Choiseul, a écarté la France de sa politique séculaire. L'austrophobie est un des legs majeurs que l'Ancien Régime fait au nouveau gouvernement révolutionnaire. Carra – jacobin et brissotin – est le parfait relais auprès du peuple de cette haine de l'Autriche.

Un concert des puissances à l'ardeur suspecte

L'Europe de cette fin du XVIIIe siècle vit dans un système complexe d'alliances et chaque royaume ne peut s'engager dans un conflit sans rompre ce délicat équilibre. Les nouveaux dirigeants français n'ont pas toujours l'intention – même quand ils appellent la guerre de leurs vœux – de briser les règles et les équilibres de l'Ancien monde, comme « la déclaration de paix au monde » du 22 mai 1790[6] l'indique : *« La Nation française renonce à entreprendre aucune guerre dans la vue de faire des conquêtes, et n'emploiera jamais ses forces contre la liberté d'aucun peuple. »*

La guerre de succession de Bavière (1778-1779) – dernier grand conflit entre deux pays d'Europe – et la partition de la Pologne a affaibli l'Autriche comme la Prusse. Une nouvelle guerre contre la France serait trop coûteuse et cette situation n'est pas envisageable malgré l'urgence de la situation. Il est d'une évidence que, dans la lutte séculaire entre les grands royaumes pour la prééminence sur le continent, toute situation affaiblissant la France motive les cours européennes. Malheureusement, la quantité de signaux ambigus, souvent contradictoires, lancés par les monarques de ce qui n'est pas encore « le Concert des puissances », va jouer un rôle crucial dans la marche à la guerre.

L'Autriche

Même si l'empereur d'Autriche est le frère de la reine de France – menacée par les révolutionnaires – il ne montre aucun enthousiasme à la perspective d'entrer en guerre contre eux. L'attitude de Léopold II que l'on peut voir comme déterminé à faire évader le couple royal (avant Varennes) inquiétait les révolutionnaires. Ses prises de position après la tentative d'évasion l'amènent à publier la circulaire de Padoue[7] en juillet 1791, puis celle de Kaunitz et, enfin, la déclaration de Pilnitz en août 1791, n'allaient pas dans le sens de la paix. Il faut toutefois bien admettre que jusqu'au mois de mars 1792, l'Autriche met tout en œuvre pour se concilier avec les Français.

L'empereur est tiraillé entre les obligations de sa charge[8], ses alliances et la Realpolitik[9]. Cette attitude faisant même dire à sa sœur Marie-Antoinette : *« quel malheur que l'empereur nous ait trahis »*. Il est indé-

4. Aucune autre puissance n'avait été en guerre contre la France aussi souvent que l'Autriche depuis le Moyen Âge.

5. Elle était censée diriger un prétendu comité secret autrichien dont le but était de saper la Révolution pour le compte de sa famille.

6. Déclaration reprise dans la constitution de 1791 au titre VI : *« Des rapports de la Nation française avec les Nations étrangères »*.

7. Circulaire où il appelle de ses vœux un rétablissement de l'Ancien régime en France.

8. Protéger les princes possessionnés allemands sous sa suzeraineté des revendications françaises ; terminer la guerre contre les Turcs, entre autres problèmes...

9. Les constitutionnels polonais, par exemple, sous la menace d'une intervention russe, sont bien utiles pour tempérer les avidités de Catherine II à l'est de l'Europe.

niable que, malgré les crises et les maladresses, l'empereur souhaite la paix, conscient que la guerre avec la France permettrait à tous les monarques européens de jouer leurs propres partitions, rompant toute une série d'équilibres dont l'Autriche ne pourrait sortir que diminuée. Sa mort, le 1er mars 1792, en mettant sur le trône son fils François II – véritable va-t'en guerre – change très certainement le cours pris jusqu'alors par les événements.

La Prusse

Le roi de Prusse veut la guerre pour aider les princes possessionnés à conserver leur indépendance, pour sauver le Roi de France, armer les émigrés et abattre la Révolution qu'il déteste. Trop de bonnes raisons qui camouflent vraisemblablement la vraie : récupérer quelques territoires en échange de sa participation à une coalition anti-française. Il pousse les Autrichiens à la guerre et, même si ces derniers ne sont pas dupes de la réelle implication prussienne, les gesticulations diplomatiques de Fréderic-Guillaume inquiètent les Français. Ces derniers, jusqu'au bout, tentent malgré tout d'arracher une alliance de circonstance à Berlin.

La Russie

Catherine II, la tsarine, est plus préoccupée, pour sa part, des restes de la Pologne que de la Révolution française.

Bien qu'opposée à celle-ci – allant jusqu'à invoquer les Lumières contre les Jacobins soupçonnés de vouloir renverser l'ordre ancien – elle ne participe pas directement à la marche à la guerre mais déploie toute son énergie à pousser l'Autriche à le faire. Un conflit entre la France et Léopold II – nouvel allié des Prussiens – lui laisserait les mains libres pour s'emparer de cette partie de la Pologne qui lui avait échappé lors du dernier démembrement. L'invasion de ce qu'il en reste au mois de mai 1792 – dans l'indifférence générale – pour *« la libérer des Jacobins »*, est une belle récompense de son trouble jeu diplomatique.

La Suède

En octobre 1791, un traité russo-suédois prépare une chimérique intervention navale sur les côtes françaises. Le roi de Suède, probablement le monarque le plus motivé dans sa volonté de déclarer la guerre à la France, n'a pas les moyens de sa politique et Catherine II profite de ses gesticulations pour entretenir le climat belliqueux la servant.

La mort du roi de Suède, au début de 1792, met fin à tout semblant d'implication militaire russo-suédoise.

L'Espagne

Les Bourbons de l'autre côté des Pyrénées craignent la propagation des idées révolutionnaires et menacent la France de son courroux, dès le 1er juillet 1791. Florida-Blanca – franc-maçon, secrétaire d'État du roi d'Espagne – adresse une note à l'ambassadeur de France. Agressif, le royaume n'a toutefois plus les moyens d'entrer en guerre.

L'Angleterre

Au bord de la faillite et toujours sous le choc de la perte désastreuse de l'Amérique, l'Angleterre reste en dehors des débats, ne pouvant se lancer dans une nouvelle guerre avant bien des années. De plus, le gouvernement anglais n'est pas viscéralement hostile à la Révolution. En décembre 1791, Narbonne, ministre de la Guerre, envoie Talleyrand à Londres pour conclure une alliance avec l'Angleterre, initiative que Brissot appuie inconditionnellement.

Si la plus grande partie des 360 princes, électeurs, évêques, appelle les grandes puissances et l'Empereur à entrer en guerre, poussée par les princes possessionnés ou influencés par les émigrés, leurs voix ne semblent pas être assez fortes pour influer réellement sur la partie entamée.

Les autres États d'Europe jouent l'indifférence ou la neutralité, trop petits ou trop éloignés des enjeux pour pouvoir peser.

Ci-dessous. Proclamation de la Patrie en danger, le 22 juillet 1792. Cette scène, qui voit défiler les volontaires, se déroule sur le Pont Neuf, devant la statue équestre d'Henri IV, à Paris. *(Estampe de J.-L. Prieur, BNF-French Revolution Archives, Stanford USA)*

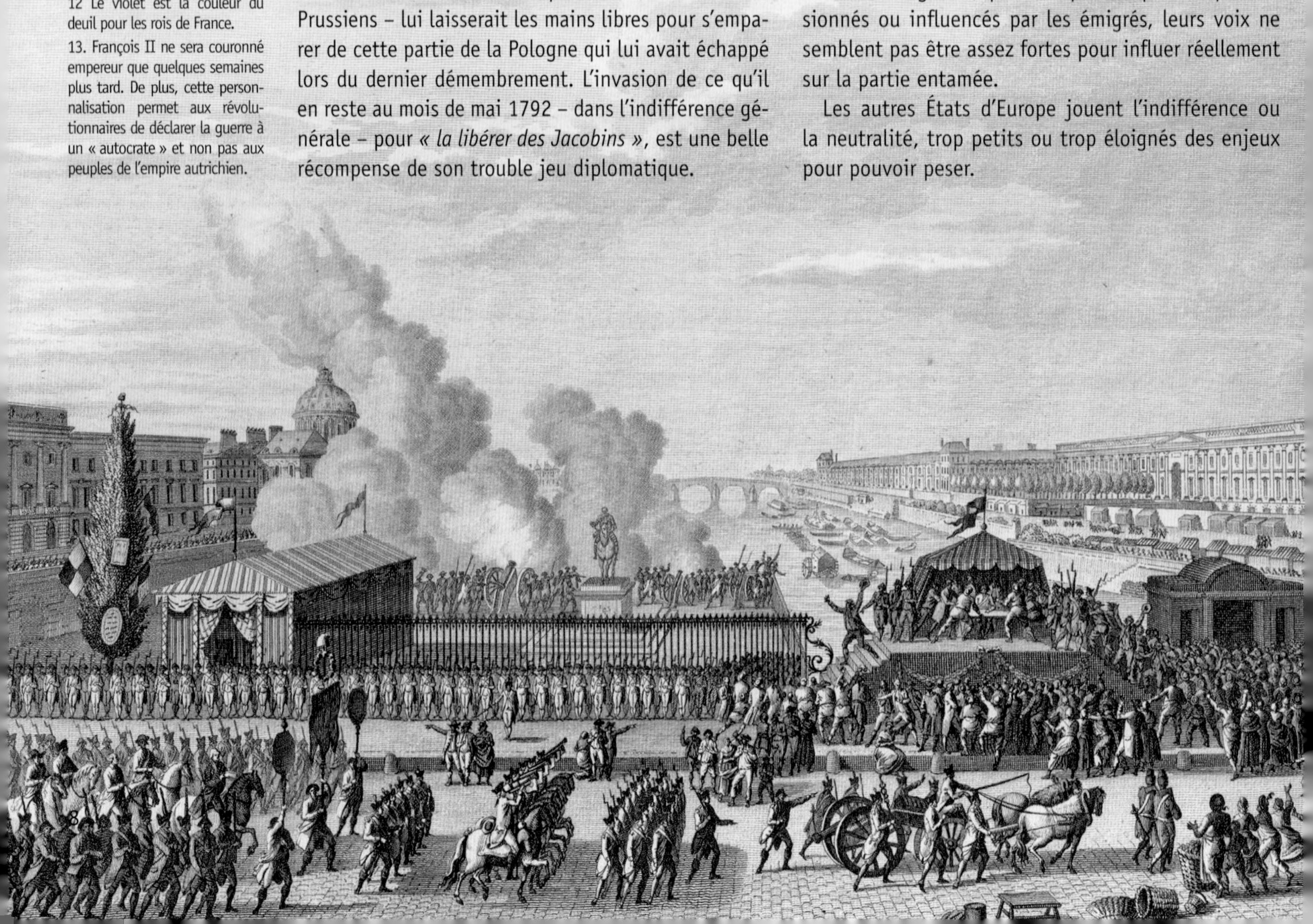

10. Malgré les propositions d'indemnisation faites par les Français.
11. Obligé par l'Assemblée, à plusieurs reprises, à rappeler ses frères en France, ou à faire revenir la noblesse exilée sous peine de spoliation, le roi applique ensuite son *veto* quand les mesures sont trop contraignantes.
12 Le violet est la couleur du deuil pour les rois de France.
13. François II ne sera couronné empereur que quelques semaines plus tard. De plus, cette personnalisation permet aux révolutionnaires de déclarer la guerre à un « autocrate » et non pas aux peuples de l'empire autrichien.

Les Princes possessionnés

Ces fameux princes possessionnés sont en fait la seule et véritable justification légale à la guerre. Ce sont des princes allemands – religieux et laïcs – ayant conservé des fiefs enclavés dans le royaume de France. Certaines de ces possessions dépendant du royaume sont dirigées par des étrangers, les autres étant territoires du Saint-Empire romain germanique.

La Révolution a étendu l'abolition des privilèges à ces principautés enclavées et bafoue les traités. Ces princes en appellent alors à l'Empereur pour recouvrer leurs droits et possessions[10].

Ce problème, somme toute mineur, est un excellent prétexte,pour toutes les parties, à entrer en guerre ou menacer de la déclarer.

Le délicat problème des Émigrés

Bien que s'étant exclus de la vie politique française en s'exilant, les princes et nobles émigrés entendent bien peser sur le destin du royaume. La plupart d'entre eux sont pour conduire une guerre de reconquête. Tout d'abord, ils s'appuient sur le roi resté en France, mais celui-ci, contraint de donner des gages de loyauté aux révolutionnaires, ménage chèvre et choux[11] et n'est, au final, d'aucune utilité aux princes réfugiés à Coblence ou Worms.

Leur malencontreux essai de mener la guerre seuls se limite bien vite, faute de volontaires et de réels financements, à la constitution de la pitoyable armée du Prince de Condé. De même, toutes leurs tentatives de forcer les cours d'Europe à les aider ne leur attirent, dans le meilleur des cas, que sympathie et rentes et, dans le pire, indifférence, voire antipathie.

Les émigrés – dans le trouble jeu auquel s'adonnent toutes les parties en présence – sont un enjeu psycho-symbolique important. Les monarques européens les prennent comme prétexte de leur aide et les révolutionnaires bellicistes s'en servent, quant à eux, comme d'une menace qu'il faut éradiquer.

Le 20 avril, le roi déclare la guerre

C'est dans l'après-midi du 20 avril 1792 que le roi, vêtu de violet[12], accompagné de ses ministres et des 24 commissaires, vient visiter l'Assemblée.

Dumouriez, rappelons-le, qui est ministre des Affaires étrangères, prononce alors son adresse au roi ; adresse qui n'est autre que le « rapport fait au conseil le 18 avril 1792 ». Diatribe contre l'Autriche, accusée d'avoir rompu les termes du traité de 1756 « entraînant un concert des puissances contre la nation française » et dont l'attitude pour le moins ambiguë ne peut être considérée que comme « une déclaration de guerre ». Le ministre propose de rompre les relations diplomatiques avec l'Autriche, de rappeler l'ambassadeur Monsieur de Noailles, et de demander au roi de France de proposer à l'Assemblée nationale la guerre contre le roi de Hongrie et de Bohême[13], conformément aux articles de la

les Princes de la Coalition

Léopold de Habsbourg, empereur d'Autriche, roi de Bohême et roi de Hongrie.

Frédéric Guillaume II roi de Prusse.

Victor Amédée III de Savoie, roi de Sardaigne.

George III, roi de Grande-Bretagne.

Carlos IV, roi d'Espagne.

Jean VI de Portugal.

Guillaume V d'Orange-Nassau, *Stathouder* des Provinces-Unies.

Ferdinand IV de Naples et Ferdinand III de Sicile sont un seul et même monarque régnant sur les Deux-Siciles.

Page suivante.
Ces deux cartes illustrent parfaitement, dans leur représentation de l'Europe, le Concert des puissances en 1792. La carte du bas présente, pour sa part, l'émiettement incroyable du Saint-Empire. *(Collection particulière, tous droits réservés)*

Le décret du 20 avril 1792 portant déclaration de guerre

« L'Assemblée nationale délibérant sur proposition formelle du roi ; considérant que la cour de Vienne, au mépris des traités, n'a cessé d'accorder une protection ouverte aux Français rebelles ; qu'elle a provoqué et formé un concert avec plusieurs puissances de l'Europe contre l'indépendance et la sûreté de la nation française ;

Que François Ier roi de Hongrie et de Bohême, a, par ses notes des 18 mars et 7 avril dernier, refusé de renoncer à ce concert ;

Que malgré la proposition qui lui a été faite par la note du 11 mars 1792, de réduire de part et d'autre à l'état de paix les troupes sur les frontières, il a continué et augmenté des préparatifs hostiles ;

Qu'il a formellement attenté à la souveraineté de la nation française, en déclarant vouloir soutenir les prétentions des princes allemands possessionnés en France, auxquels la nation française n'a cessé d'offrir des indemnités ;

Qu'il a cherché à diviser les citoyens français et à les armer les uns contre les autres, en offrant aux mécontents un appui dans le concert des puissances ;

Considérant enfin que le refus de répondre aux dernières dépêches du roi des Français ne laisse plus d'espoir d'obtenir, par la voie d'une négociation amicale, le redressement de ces différents griefs, et équivaut à une déclaration de guerre, décrète qu'il y a urgence.

L'Assemblée nationale déclare que la nation française, fidèle aux principes consacrés par la Constitution, de n'entreprendre aucune guerre dans la vue de faire des conquêtes, et de n'employer jamais ses forces contre la liberté d'aucun peuple, ne prend les armes que pour le maintien de sa liberté et de son indépendance ; que la guerre qu'elle est forcée de soutenir n'est point une guerre de nation à nation, mais la juste défense d'un peuple libre contre l'injuste agression d'un roi ;

Que les Français ne confondent jamais leurs frères avec leurs véritables ennemis ; qu'ils ne négligeront rien pour adoucir le fléau de la guerre, pour ménager et conserver les propriétés et pour faire retomber sur ceux-là seuls qui se ligueront contre sa liberté, tous les malheurs inséparables de la guerre ;

Qu'elle adopte d'avance tous les étrangers qui, abjurant la cause de ses ennemis, viendront se ranger sous ses drapeaux, et consacrer leurs efforts à la défense de sa liberté ; qu'elle favorisera même, par tous les moyens qui sont en son pouvoir, leur établissement en France ;

Délibérant sur la proposition formelle du roi, et après avoir décrété l'urgence, décrète la guerre contre le roi de Hongrie et de Bohême. »

Constitution de 1791, stipulant que celle-ci ne peut être déclarée que par *« un décret du Corps législatif, rendu sur proposition formelle et nécessaire du Roi »*.

Cet habile discours insiste sur l'affront fait au roi et la tentative, depuis l'étranger, de séparer le monarque de la Nation. Louis XVI, au pied du mur, est mis définitivement dans l'obligation de déclarer qu'aux termes de la Constitution, il vient *« proposer à l'Assemblée nationale ; la guerre contre le roi de Hongrie et de Bohême »*. Les députés se retirent après le départ du Roi, s'accordant une trêve propice aux tractations.

Les Parisiens, venus nombreux assister aux débats, retiennent leur souffle. Lors de la séance de l'après-midi, après quelques épisodes de la vie parlementaire proches du grotesque, un discours de Becquey – député Feuillant – appelant à ne pas voter la guerre et de nombreuses interventions bellicistes, et après avoir « décrété l'urgence », l'assemblée vote la guerre. Seuls sept députés lamethistes votent contre ; l'extrême-gauche girondine, bien qu'opposée à la guerre, une fois celle-ci déclarée, consciente qu'il y va du salut de la Révolution, *« combattra pour la lutte à outrance jusqu'à la victoire »*.

Très vite, l'Assemblée envoie les troupes mener l'offensive sur les terres du roi de Bohême et de Hongrie et prend les mesures nécessaires au bon déroulement de ce qui sera appelée plus tard la « première guerre de coalition ».

Il faut être deux pour faire la guerre

Comme l'écrivait Jean Jaurès dans son Histoire socialiste de la Révolution française : « La Gironde voulait faire de la guerre une formidable manœuvre de politique intérieure. » En effet, si la thèse du « meurtre de la monarchie » voulue par les Girondins est probablement une des pistes empruntées dans leur marche à la guerre, il faut, pour le moins, y ajouter trois autres causes, toutes de politique intérieure.

À un moment où leur pouvoir est confronté à une série de crises toutes plus préoccupantes les unes que les autres (déficit budgétaire, crise des Assignats, des approvisionnements, de subsistances, etc.), les révolutionnaires, en déclarant la guerre, vont dériver les tensions sur une cible étrangère, un bouc émissaire tout désigné. Ils transposent les tensions internes sur l'échelle des relations extérieures. Finalement, et c'est peut-être là le mouvement le plus profond, ils redonnent un nouvel élan à la dynamique révolutionnaire. En effet, les Feuillants, en déclarant avec la Constitution de 1791 que la Révolution prend fin, privent les Girondins – et leur aile la plus ambitieuse, les Brissotins – d'assumer le pouvoir selon leurs propres convictions.

Là réside l'éternel débat, la dramatique problématique, auxquels sont confrontés tous les mouvements révolutionnaires ayant à assumer le pouvoir : arrêter la dynamique de la révolution ou la continuer en la relançant ? En fonction de ces forces, l'adversaire désigné est dans l'obligation d'accepter la confrontation, d'autant plus s'il y trouve lui aussi un intérêt politique.

Le 28 avril, l'armée de Rochambeau entre en Belgique et doit faire face, dès le lendemain, à une contre-offensive autrichienne vite victorieuse[14]. Le 30, Custine part du sud de l'Alsace et occupe le pays de Porrentruy. Le 4 mai, l'Assemblée décrète que les prisonniers de guerre sont sous la sauvegarde de la Nation et, le lendemain, ordonne la levée de 81 nouveaux bataillons de volontaires. Au même moment,

14. Le général Théobald Dillon, par exemple, aristocrate notoire, évacue Tournai et se replie sur Lille ; ses soldats se jugeant trahis exécutent leur général, précédant en cela les injonctions de Marat qui invitait les soldats à *« liquider leurs chefs suspects. »*

La mosaïque du Saint-Empire, à la veille de la Révolution française

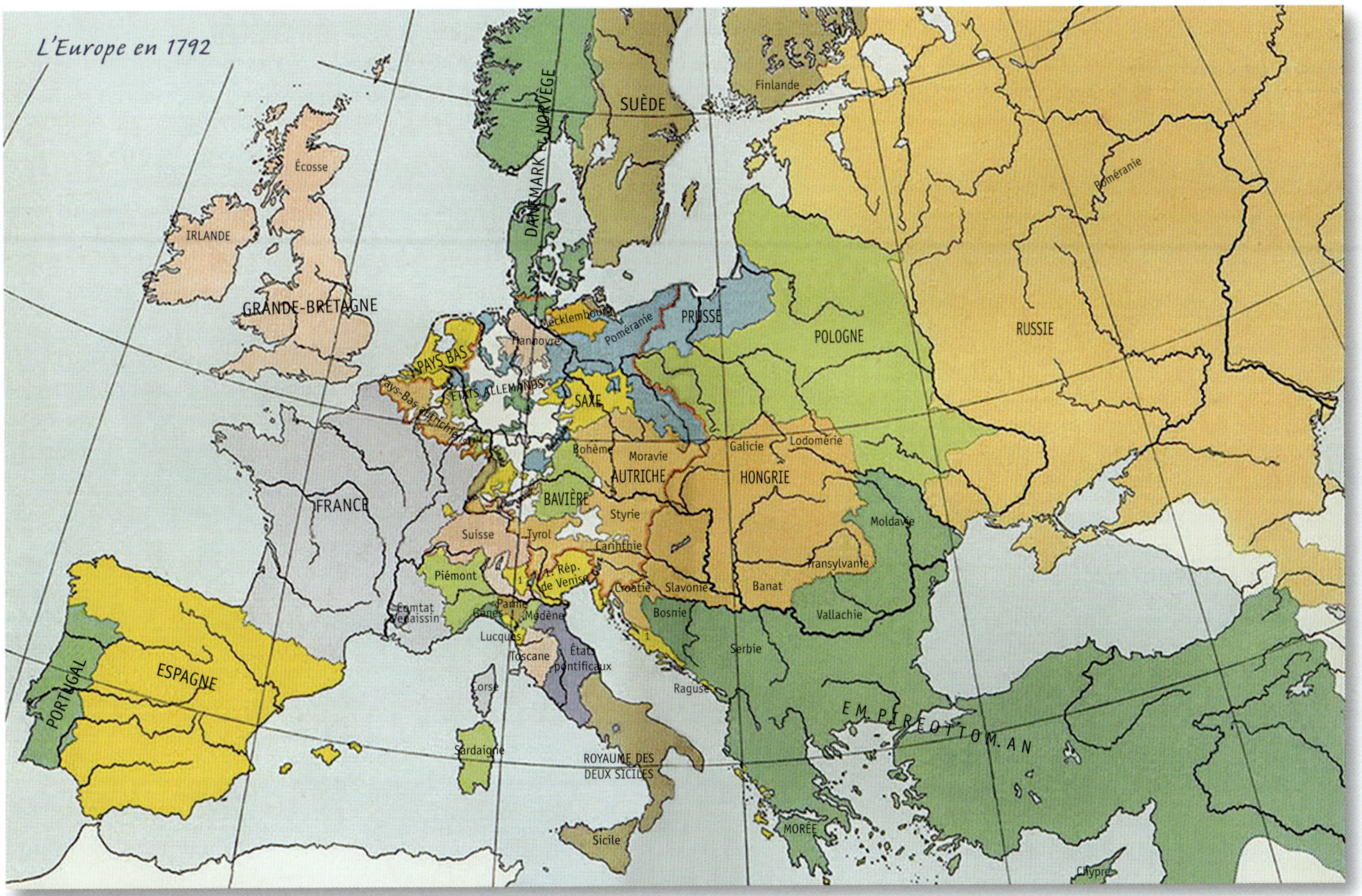

L'Europe en 1792

En bas.
Le miracle de Valmy, le 20 septembre 1792, victoire symbolique, à jamais synonyme de la naissance de la République.
(La bataille de Valmy, huile sur toile de Pierre Victor Robiquet, Google Art Project, tous droits réservés)

Prusse et Autriche surmontent leurs différends et décident de lancer une offensive commune au début de l'été.

La guerre a bel et bien commencé, elle durera vingt-trois ans.

La Première coalition et le miracle de Valmy

Peu après la déclaration de la guerre, donc, les armées françaises envahissent – les 29 et 30 avril 1792 – le territoire des Pays-Bas autrichiens et attaquent sans succès Quiévrain, Mons en même temps que Tournai. Les cours européennes qui, jusque-là ne désiraient pas intervenir dans les problèmes internes du royaume de France, se sentent dans l'obligation de réagir.

En réponse au manifeste de Brunswick[15] du 11 juillet, l'Assemblée législative proclame la patrie en danger. L'insurrection, le 10 août 1792, balaye la monarchie et, moins de dix jours plus tard, le 19 août, le duc de Brunswick pénètre en France et s'empare de Longwy, puis de Verdun.

La route de Paris est ouverte, mais Dumouriez et Kellermann, le 20 septembre, à Valmy, stoppent l'avance des Alliés. Cette victoire, bien plus symbolique que stratégique, même si les Prussiens se retirent, précède de quelques heures la proclamation de la République.

Du sud au nord, du général d'Anselme au général Dumouriez, en passant par Custine à l'est ou Montesquiou dans les Alpes, les armées françaises partent à l'assaut, volant de victoires en victoires. Nice, la Savoie, Spire, Worms, Mayence, Francfort, Jemmappes tombent, les armes françaises semblent invincibles. La guerre est devenue, en quelques mois, une guerre idéologique, à la fois guerre de libération et guerre de conquête. La Savoie, le comté de Nice la principauté de Salm, l'évêché de Bâle, la Belgique deviennent françaises le 30 mars.

La Première Coalition est donc l'alliance formée entre 1792 et 1797 par les monarchies européennes contre le royaume de France et, plus tard, la République.

Très tôt, le but, avoué, de la Convention d'exporter la Révolution, entraîne dans la guerre le royaume de Grande-Bretagne, le royaume de Sardaigne, le royaume d'Espagne, le royaume de Sicile (Naples), le royaume de Prusse[16], le Saint-Empire, le royaume de Bohème[17], le royaume de Hongrie, possession de la maison d'Autriche, les Provinces-Unies, le royaume du Portugal.

L'agressivité de la République française a donc provoqué un changement au sein des cours européennes, la Grande-Bretagne, par exemple, avait bien accueilli, dans les premiers mois de la Révolution, les événements en France. Toutes ces tensions trouvent leur apex avec l'exécution de Louis XVI, le 21 janvier 1793. Une France en proie aux désordres faisait le jeu de l'Angleterre, une Révolution agressive multipliant les annexions, force les Britanniques à revenir à une politique d'équilibre européen.[18]

En France, aussi, les partisans de la guerre contre la Grande-Bretagne sont aussi nombreux que ceux qui l'étaient un an auparavant contre l'Autriche. C'est ainsi que, le 1er février 1793, la Convention déclare la guerre à la Grande-Bretagne. S'emparer de la Banque d'Amsterdam est une motivation suffisante pour déclarer la guerre, en même temps, aux Provinces-Unies.

Malheureusement pour la Convention, la Grande-Bretagne s'entend avec la Russie pour interdire le commerce du grain entre l'empire russe et la France et finance les armées que lèvent les princes allemands.

15. Le duc de Brunswick lance un appel au peuple parisien, le menaçant de destruction s'il était fait le moindre outrage à la famille royale, ce qui n'a pour effet que de galvaniser la ferveur patriotique et révolutionnaire.

16. Jusqu'en 1795.

17. Possession de la maison d'Autriche en 1795.

18. L'intégration de la Belgique à la France donne, en Grande-Bretagne, des arguments aux partisans de la guerre. Le gouvernement de Londres ne peut supporter qu'Anvers, port et place financière, soit aux mains des Français.

Les armées de la République en 1794, vues par Édouard Detaille, un siècle plus tard : « Ils allaient, Ils chantaient, l'âme sans épouvante et les pieds sans souliers. » *(Collection particulière, tous droits réservés)*

Les soldats de l'An II

Victor Hugo a su rendre hommage à ces soldats de 1794 partis pour défendre la liberté.

« Ô soldats de l'an II ô guerres, ô épopées !
Contre les rois tirant ensemble leurs épées
Contre toute l'Europe avec ses capitaines
Avec ses fantassins couvrant au loin les plaines
Avec ses cavaliers
Toute entière debout comme une hydre vivante
Ils allaient, Ils chantaient, l'âme sans épouvante
Et les pieds sans souliers
La Révolution leur criait : Volontaires
Mourez pour délivrer tous ces peuples, vos frères !
Contents, ils disaient oui
Allez mes vieux soldats, mes généraux imberbes !
Et l'on voyait marcher ces va-nu-pieds superbes
Sur le monde ébloui ! »

L'Angleterre ne changera pas de politique au fil des coalitions : financer les armées des états du Continent pendant que la Marine de sa Majesté asphyxie la France par blocus et la guerre dans les colonies. L'entrée en guerre de l'Angleterre entraîne l'Espagne (le 7 mars 1793), les États pontificaux, le royaume de Naples, les duchés de Parme, Modène, Toscane et le Portugal. Très vite, la République doit faire face, à la fois, à la guerre contre la Coalition et à une guerre intérieure. En effet, la levée en masse pour constituer cette armée, capable de lutter contre l'Europe entière, provoque de nombreux troubles internes et une véritable guerre civile en Vendée.

Dumouriez lance une offensive en Hollande, mais se retrouve très vite face aux Autrichiens qui ont pénétré en Belgique. Après deux défaites majeures, il entame, de son propre chef, des tractations avec Cobourg, le général en chef autrichien, et lui livre la Belgique ; son projet de tourner son armée contre Paris – afin de restaurer la Constitution de 1791 – échouant devant les convictions républicaines de ses soldat, le général passe à l'ennemi.

Brunswick franchit le Rhin, refoule l'armée de Custine et met le siège devant Mayence. En avril, les coalisés se retrouvent en conférence à Anvers. Ils désirent restaurer la monarchie absolue en France et obtenir des indemnités territoriales. L'offensive se poursuit désormais sur tous les fronts et, à la fin du mois de

Napoléon Bonaparte

Le jeune Bonaparte, devenu le « général vendémiaire », aux Halles, veillant personnellement au maintien de la tranquillité publique.
(Dessins de JOB, collection particulière, tous droits réservés)

Napoléon Bonaparte naît à Ajaccio le 15 août 1769, alors que la Corse est occupée par les Français. Son père, rallié à la cause française de bonne heure, fait reconnaître sa petite noblesse et admettre son fils à l'école de Brienne, puis comme « cadet-gentilhomme » à l'École militaire de Paris. Là, au bout d'une année – il en faut trois habituellement –, il passe le concours d'officier et obtient son brevet de sous-lieutenant d'artillerie à 16 ans. Pauvre et sans avenir, il doit tout à la Révolution. Détestant les Français, il voit dans ce bouleversement l'occasion de libérer la Corse et d'y jouer un grand rôle, sous la direction de Pascal Paoli.

Mais ce dernier, aux Bonapartes suspects de tiédeur indépendantiste, préfère le clan des Pozzo di Borgo. Quand Paoli rompt avec la Révolution et appelle les Anglais à la rescousse, les Bonaparte sont « expulsés ». Napoléon se naturalise définitivement au service de la Convention montagnarde.

Sa carrière militaire démarre véritablement avec le siège de Toulon, puis à l'armée d'Italie, dont il inspire les brillantes opérations de Saorgio et de Dego quand il y commande l'artillerie. Il se souviendra de ce premier passage dans le nord de la péninsule. Bonaparte est arrêté comme robespierriste avant d'être privé d'emploi. Son retour en grâce date, réellement, du 13 vendémiaire an IV (26 octobre 1795) quand il mate l'insurrection royaliste à Paris; un concours décisif apporté à Barras. Toute une succession de promotions vient récompenser le jeune général, avant de recevoir, enfin, le commandement, en mars 1796, de l'armée d'Italie. Un commandement sur un front secondaire...

Avant son départ pour la péninsule, il épouse Joséphine de Beauharnais, ancienne maîtresse du Directeur Barras; un état qui l'a sans doute servi, même si l'amour qu'il porte à la femme le dispute à ses calculs.

Il est hors de doute que Carnot l'ait nommé à bon escient. Bonaparte, pendant ses études, a lu « l'Essai général de tactique » de Guibert, le précurseur de la guerre nouvelle dont la Révolution avait rendu les théories applicables sans que Carnot, ni aucun général, en eussent dégagé clairement les conséquences. Bonaparte possède un socle de connaissances militaire tactique et stratégique théorique exceptionnel pour l'époque et les circonstances. Le génie du jeune général est d'en tirer une doctrine de guerre et de la pratiquer avec une maîtrise qui ne trouve pas d'égale, ni dans l'armée française, ni chez ses futurs adversaires.

À l'armée d'Italie, il étudie aussi, et sur le terrain même, les campagnes de Maillebois et le livre de Bourcet sur la guerre de montagnes. *« Dans ses notes au Comité de salut public en l'an II et en l'an III, dans les instructions pour Schérer qu'il inspira, les traits essentiels de la campagne d'Italie sont déjà nettement tracés »*. Il sait qu'il faut viser l'Autriche; mettre d'abord le Piémont hors jeu pour conquérir la Lombardie en toute sécurité; puis, négligeant la péninsule, marcher sur Vienne à travers les Alpes.

juillet 1793, les Coalisés ont la route de Paris grande ouverte au nord, alors qu'au sud, les Piémontais ont envahi la Savoie et les Espagnols sont déjà devant Perpignan et Bayonne. Dunkerque est menacé par les Hanovriens et les Hollandais... Les mesures radicales prises par le gouvernement révolutionnaire ainsi que le manque de coordination des Coalisés permettent d'éloigner le danger d'une invasion.

Les armées françaises, sous l'impulsion radicale du gouvernement de Paris, mieux coordonnées que celles des Alliés, réunissent leurs forces et passent à l'offensive. Une série de victoires à la fin de l'été et au début de l'automne permettent d'éloigner la menace autrichienne.

Hoche, à l'est, repousse les Prussiens à travers la Rhénanie et les Autrichiens retraversent le Rhin.

Au sud, Kellermann reconquiert la Savoie et les Espagnols sont repoussés sur les Pyrénées, pendant que Dugommier, avec le jeune Bonaparte, libère Toulon. À la fin de 1793, le territoire français est débarrassé de ses envahisseurs.

1794 est donc une année d'offensives, facilitées par les dissensions apparues entre les Coalisés. La Prusse, préoccupée par la question polonaise, souhaite quitter l'alliance, malgré les efforts financiers de l'Angleterre.

Au nord, les trois armées françaises (Pichegru, l'armée des Ardennes et Jourdan), malgré une campagne compliquée, reprennent la Belgique et repoussent Autrichiens et Anglo-Hollandais. Au sud, Dugommier pénètre au Pays basque. Malheureusement, la flotte française est incapable de s'opposer, en Méditerranée, à la Navy anglaise et la Corse est perdue. Dans l'Atlantique, la flotte française est régulièrement vaincue et la République perd Saint-Domingue et la Martinique.

Les Prussiens, qui refusent de se battre, sont abandonnés par les Anglais et demandent l'armistice en novembre 1794, pendant que Jourdan s'installe en Rhénanie. Pichegru « libère » la Hollande et permet la création de la République batave. En février 1795, la Toscane quitte, à son tour, la coalition et, en mai 1795, la République batave s'engage dans la guerre contre la Grande-Bretagne.

Cette dernière en profite pour conquérir les colonies hollandaises. Les victoires de Moncey poussent l'Espagne à quitter, elle aussi, la coalition. Seules l'Autriche, la Grande-Bretagne et quelques États italiens poursuivent la guerre contre la République française.

Le Directoire part en guerre

Grâce aux armées du gouvernement révolutionnaire, les Thermidoriens ont occupé la Belgique, la Hollande et la rive gauche du Rhin. La Prusse et l'Espagne abandonnent la coalition et traitent avec les révolutionnaires français à Bâle. Mais l'Angleterre et l'Autriche, les deux ennemis les plus acharnés, restent sous les armes. L'automne 1795 est une succession de revers qui ramènent les Allemands dans le Palatinat. Les Thermidoriens, en définitive,

L'armée de Sambre et Meuse en 1795. Commandée par Jourdan, elle doit jouer un rôle d'importance dans les plans de Lazare Carnot. *(Dessin d'Édouard Detaille, collection particulière, tous droits réservés)*

ne savent faire ni la paix, ni la guerre et pourtant, à ce moment du conflit, vaincre l'Autriche est possible car elle ne peut plus espérer un réel secours de ses alliés.

Les armées françaises sont, pour leur part, en piteux état; la désertion est la principale cause de l'effondrement des effectifs des armées opposées à ce qu'il reste de la Coalition. D'octobre 1794 à janvier 1796, l'effectif des forces républicaines passe de 750000 à 410000 hommes. La tâche du Directoire, en matière militaire, a consisté, essentiellement – en ne renonçant à aucun expédient – à ramener ces effectifs à une hauteur lui permettant, au printemps de 1796, de porter la guerre en pays ennemi. Le calcul des Directeurs part de la situation dramatique que vit l'Autriche: si l'empereur cède, l'Angleterre, peut-être, un jour, finira-t-elle par se lasser... Cet espoir n'est envisageable que si la paix continentale est durable et cela dépend, avant tout, des frontières que la République entend définir... par les armes.

Le Directoire tient toujours pour intangibles les « limites constitutionnelles », refusant de revenir aux seules frontières de 1789. La seule interrogation des politiques, comme des militaires, est de savoir s'il faut s'avancer jusqu'aux « frontières naturelles », c'est-à-dire jusqu'au Rhin.

Les Thermidoriens au moment de la prise du pouvoir avaient promis la prospérité et la liberté; pour cela il fallait obtenir la paix au plus vite. Le Directoire pouvait compter sur la faiblesse des forces anglaises, incapables de reprendre les Pays-Bas et sur l'essoufflement ou l'égoïsme des Autrichiens et des Prussiens. Il s'agit, en fait, pour le Directoire de s'assurer que les nouvelles frontières naturelles de la France peuvent être défendues efficacement. Pour y parvenir et espérer la paix, il faut que la Prusse puisse s'agrandir en Allemagne, calmer l'Autriche en Italie, ne plus contester la suprématie maritime de l'Angleterre... et, surtout, ne pas vouloir plus.

D'où la difficulté de faire coïncider ardeur révolutionnaire, survie de la République – face à la haine des tyrans –, intérêt national, enthousiasme préromantique; espoir de paix universelle et nécessité de faire des conquêtes pour « se les faire reconnaître » par voie d'échange.

Le Directoire commence par poser comme principe que les armées françaises vivront « aux dépens des pays occupés » et lui enverront une partie du butin. Il remplace les représentants en mission par des Commissaires aux armées, censés être plus souples. Ces derniers passent rapidement du droit de surveillance à la possibilité de *« percevoir les contributions de guerre, d'autoriser la conclusion des armistices, de réprimer le pillage... »*. Le conflit entre les envoyés des Directeurs et les généraux ne peut qu'éclater et, comme le tribunal révolutionnaire a été remplacé par « l'autorité chancelante du Directoire », les généraux restent seuls maîtres du destin des campagnes; ce que ne manquera pas d'exploiter, à son profit, le jeune Bonaparte.

1796, année de la victoire sur l'Autriche?

Carnot sait qu'il faut éliminer l'Autriche et la campagne de 1796 doit être, pour le Directoire, l'année de

Cetta caricature anglaise de l'époque est censée évoquer les troubles relations entre Barras, Bonaparte, Madame Tallien et Joséphine de Beauharnais, maîtresse du directeur et épouse du général.
Les Anglais ne brillent pas, ici, par leur *fair-play* en matière de combat politique...
(Collection particulière, tous droits réservés)

la victoire sur celle-ci. La mise en œuvre du plan de Carnot commence par l'offensive de l'armée de Sambre-et-Meuse commandée par Jourdan, et celle de l'armée de Rhin-et-Moselle, sous les ordres du général Moreau. Les deux formations ont pour ordre de marcher sur Vienne.

L'armée des Alpes, sous Kellermann, et celle d'Italie, aux ordres de Schérer, doivent être en mesure de détourner une grande partie des armées autrichiennes du front central, en les retenant dans la péninsule italienne. Une cinquième armée, dite d'Irlande, stationnée à Brest et commandée par le général Hoche, doit entrer en campagne contre la Grande-Bretagne.

Très vite, le 2 mars 1796, le Directoire remplace le général Schérer par Bonaparte à la tête de l'Armée d'Italie. Quand ce dernier part pour Nice, en 1796, la France a les yeux fixés sur l'armée du Rhin. C'est en Allemagne que doivent être frappés les coups décisifs qui permettront aux troupes de Jourdan et de Moreau de pénétrer dans Vienne. Dans la péninsule, on attend plutôt de l'armée d'Italie une manœuvre de diversion. Mais Bonaparte se refuse à jouer un rôle secondaire dans la lutte contre les forces autrichiennes.

C'est le jeune général, en fait, qui mettra l'Autriche à genoux sur le front secondaire. Ses victoires fulgurantes, à la tête d'une armée de 38000 hommes mal équipés, vont permettre de séparer le roi de Piémont-Sardaigne des Autrichiens, le forçant à signer un armistice. Et, comme nous allons le voir, ce n'est pas la fin de la campagne... Sur l'autre front, le principal, si Jourdan s'empare de Cologne et de Francfort, il ne peut pas opérer sa jonction avec Moreau, laissant à l'archiduc Charles la possibilité de les attaquer séparément.

Deux défaites forcent Jourdan à repasser le Rhin et contraignent le général français à accélérer son retour sur la rive gauche du Rhin. L'archiduc Charles s'empare des deux têtes de pont françaises sur le Rhin: Kehl et Huningue. Le traité d'alliance, signé avec l'Espagne en août, oblige les Anglais à évacuer la Corse.

Hoche, de son côté, joue de malchance et son corps expéditionnaire, envoyé en Irlande épauler les rebelles de Wolfe Tone, est dispersé par une tempête au large des côtes de la verte Erin.

Vienne ayant réussi à éliminer la menace française dans le Saint-Empire, se permet de renforcer ses armées en Italie pour libérer Mantoue et vaincre le petit général corse. C'était sans compter sur les talents tactiques et le charisme de ce petit général.

le Directoire

Les cinq Directeurs
(ci-dessus et ci-contre, de gauche à droite)
Paul Barras.
Étienne-François Le Tourneur.
Lazare Carnot.
Jean-François Reubell.
Louis-Marie de La Révellière-Lépeaux.
Des cinq directeurs, Carnot est le plus à même, de par son passé, à comprendre les enjeux militaires et stratégiques.
(Google Art Project et collection particulière, tous droits réservés)

Un essai chronologique

20 avril 1792, le roi des Français déclare la guerre au roi de Bohème et de Hongrie.

20 mai 1792, le royaume de Prusse déclare la guerre au roi des Français.

1er février 1793, la République française déclare la guerre au royaume de Grande-Bretagne et aux Provinces-Unies.

7 mars 1793, la République française déclare la guerre au royaume d'Espagne.

19 janvier 1795, les Provinces-Unies deviennent la République batave, alliée de la République française.

5 avril 1795, lors de la signature du traité de Bâle, le royaume de Prusse et la République française font la paix.

22 juillet 1795, le traité de paix entre le royaume d'Espagne et la République française est signé lors du second traité de Bâle.

15 mai 1796, lors du traité de Paris, le royaume de Piémont-Sardaigne et la République française signent la paix.

18 août 1796, le royaume d'Espagne devient l'allié à la République française.

17 octobre 1797, le traité de Campo-Formio permet à la France d'annexer les Pays-Bas autrichiens et de signer la paix avec l'archiduché d'Autriche et le royaume du Portugal. Le royaume de Grande-Bretagne demeure le seul état en guerre contre la France.

La Première Coalition a vécu.

Les cinq Directeurs détiennent le pouvoir exécutif et sont désignés, selon la Constitution de l'an III, par le Conseil des Anciens. Les cinq Directeurs sont chargés de l'armée, des questions diplomatiques, de la fonction publique. Ils ont sous leurs ordres de nombreux commissaires les représentant auprès des administrations locales et des armées en campagne. Ils dirigent depuis le palais du Luxembourg à Paris. Barras, Reubell et La Révellière-Lépaux sont anticléricaux et anti-aristocratiques. Carnot et Letourneur sont plus modérés.

2 la campagne d'Italie

L'histoire de l'armée d'Italie commence quand l'armée des Alpes du général de Montesquiou-Fézensac voit son aile droite devenir, le 1er novembre 1792 par arrêté du Conseil exécutif, l'armée d'Italie.

Des débuts révolutionnairement compliqués

Cette aile droite, à l'initiative de son commandant, le général d'Anselme, était improprement dénommée « armée du Var » depuis le mois d'octobre 1792. La nouvelle formation constituée devient définitivement armée d'Italie le 7 novembre 1792 et demeure sous les ordres du général d'Anselme.

Le 4 septembre 1793, « l'armée devant Toulon », une nouvelle formation, est créée dans l'arrondissement du port militaire par les représentants de la Convention.

Elle est formée de deux importants détachements venant de l'armée des Alpes et de l'armée d'Italie. Les 5 et 8 nivôse An II – 25 et 28 décembre 1793 –, quand s'achève le siège du port varois, cette « armée devant Toulon » est dissoute et ses hommes sont répartis entre les garnisons du Midi, de la Corse, l'armée d'Italie et celle des Pyrénées orientales.

Le général Scherer reprend en main l'armée d'Italie en septembre 1795. Sa victoire à la bataille de Loano est obtenue à l'aide d'un plan de Bonaparte. Il donne sa démission en mars 1796.

Toujours en septembre 1795, l'armée d'Italie est rejointe par quatre divisions – pour un total d'environ16 000 hommes –, prélevées sur les effectifs de l'Armée des Pyrénées orientales. La grande formation est alors constituée principalement de bataillons de volontaires issus du midi de la France.

Quand, le 18 nivôse an IV – le 8 janvier 1796 –, le Directoire décrète un nouvel amalgame de l'armée française, l'armée d'Italie est réorganisée en douze demi-brigades de ligne et six demi-brigades légères.

Nice, le 28 mars 1796, départ de l'armée d'Italie et de son général en chef vers la péninsule depuis le quartier général. En deux jours, Bonaparte a déjà subjugué ses généraux et conquis ses vétérans. *(Gravure d'Adam, collection particulière, droits réservés)*

Les soldats d'Italie

« Les troupes n'avaient plus de capotes; la plupart des officiers et soldats étaient couverts de haillons; en un mot, les uns et les autres étaient dans l'état de la plus hideuse misère; le malheureux officier qui était habitué à priser, n'avait pas le moyen d'acheter du tabac; j'ai vu de braves capitaines se faire donner des souliers au magasin de l'armée et les vendre aux Génois pour avoir de quoi en acheter. Il n'y avait d'hôpitaux qu'à Nice, et l'on y manquait de tout; les hommes qui, dans les camps, tombaient malades, ne pouvaient, faute de moyens de transport, être évacués sur Nice; ils mouraient, dans les baraques, au milieu de leurs camarades. Les abris de camps étaient des trous creusés dans la terre; impossible de se procurer de la paille pour les couvrir [...]

On ne trouvait sur les belles promenades que des officiers et des soldats fatigués et amaigris par les privations de toute nature, et dont les vêtements étaient en loques. »

Roguet et Pelleport

Une bien pauvre armée

Cette armée, mal ravitaillée – les uniformes comme les souliers sont rares – mal soldée, est réduite, comme en campagne, à la maraude dans la campagne provençale pour subsister.

Napoléon Bonaparte arrive à Nice le 26 mars 1796. Le jeune général Bonaparte prend ses fonctions le 27 mars et ne peut que constater les nombreux cas d'indiscipline. On rapporte que des chansons antirépublicaines sont entonnées par la troupe, qu'une compagnie du Dauphin a été créée par des soldats en rupture de ban, que des officiers ont crié *« Vive le roi! »*. Au mois de mars, un régiment s'est mutiné...

Il trouve son armée dans une situation navrante de misère: *« le pain était mal assuré; depuis longtemps on ne faisait plus de distributions de viande. Chaque jour la position empirait »*. Comment empêcher la maraude, mal endémique des armées de la Révolution et de l'Empire?

Il doit s'allier la bonne volonté de ces malheureux soldats. La première tâche de Bonaparte consiste à améliorer le ravitaillement, rétablir la discipline et envoyer devant les tribunaux les officiers coupables. Il licencie ensuite le 13e régiment de hussards et dissout la formation coupable de mutinerie.

Cette « empathie » transparaît dans sa première et célèbre proclamation à l'armée *« Soldats! Vous êtes nus et mal nourris... »* Les vétérans comprennent que leur abnégation de tous les jours, leur courage au combat sont enfin compris, ressentis. Ils suivront désormais Bonaparte jusqu'au bout de son histoire.

Ce même jour, le nouveau général en chef de 26 ans convoque ses divisionnaires. Ils sont, malgré leur jeune âge[1], tous, plus vieux que leur nouveau « patron », ce qui ne manque pas, dans un premier temps, de créer quelques soucis.

Dès son arrivée, il s'impose d'un ton impérieux et sec, *« mais avec tant d'autorité naturelle et de compétence, que tous comprennent vite qui est le chef »* [2].

À la fin du mois de mars 1796, le général Bonaparte écrit au Directoire: *« La situation administrative de l'armée est fâcheuse, mais non pas désespérante. Je suis obligé de menacer les agents qui ont beaucoup volé et qui ont du crédit.[3] »*

Sous l'impulsion du jeune général, l'armée d'Italie devient la plus jacobine de toutes les armées françaises.

Une armée de diversion

Selon les instructions de Carnot, Bonaparte et l'armée d'Italie vont se battre contre les Autrichiens du général Beaulieu et les Sardes du général Colli. Le jeune général doit faire diversion, pour permettre la marche sur Vienne de Jourdan,

Double page suivante. Nice, le 27 mars 1796, le général Bonaparte harangue ses troupes démoralisées, dépenaillées, sur la place Croix de marbre... « Soldats, vous êtes nus, mal nourris, on vous doit beaucoup: on ne peut rien vous donner. Votre patience, le courage que vous montrez dans ces rochers, sont admirables mais ne vous procurent aucune gloire. Je vais vous conduire dans les plus fertiles vallées du monde. De riches provinces, de grandes villes seront en notre pouvoir, et vous aurez richesses, honneurs et gloires! » *(Illustration de JOB pour le Bonaparte de Montorgueil), collection particulière, droits réservés)*

1. Masséna a 37 ans, Augereau 38, Laharpe 41 et Sérurier 54.
2. In *Napoléon Bonaparte*, sous la direction de Dimitri Casali, Larousse 2004.
3. Rapport du 28 mars du général en chef aux Directeurs.

« En Italie, 1796 ». Feu roulant des fantassins d'une demi-brigade d'infanterie de ligne de l'armée d'Italie. *(Dessin d'Édouard Detaille, collection particulière, droits réservés)*

L'armée d'Italie *(le 20 Germinal an IV - 9 avril 1796)*

Général en chef
Napoléon Bonaparte
Aides de camp du général en chef
Murat, Junot, Marmont, Jean Léonard, Louis Bonaparte, Sukolwski, Lemarois
Commissaire du Directoire
Salicetti

L'ÉTAT-MAJOR
Chef d'état-major général
Général de division Berthier
Sous-chef d'état-major
Adjudant-général Vignolle
Commandant de l'artillerie
Général de brigade Dujard *(+ 21 juillet 1796)*, puis Lespinasse
Directeur du Parc
Faultrier de l'Orme
Commissaire ordonnateur en chef
Chauvet
Aides de camp au chef d'état-major
Dutaillis, Gonnord, Ballet puis Girardin
Adjoints au chef d'état-major
Barbut, Bascaille puis Herbin et Allemand
Adjoint à l'état-major.
Roux
« Bureau Secret »
Landrieux
Guides de l'armée d'Italie
Bessières
Commissaire du Directoire
Salicetti

L'AVANT-GARDE
Général de division Masséna
Chef d'état-major
Monnier ou Solignac (?)
Adjoint au chef d'état-major
Campana
Aides de camp
Lautour-Boismaheu, Reille
Adjoints
Ducos, Baille
Parc d'artillerie de l'avant-garde
Andréossy

1re DIVISION D'AVANT-GARDE
Général de division Laharpe *(+ 10 mai 1796)*
Adjudants-généraux
Giacomoni, Chabran, Boyer puis Sornet

Brigade Pijon
1re demi-brigade d'infanterie légère

Brigade Menard
16e demi-brigade d'infanterie légère
21e demi-brigade d'infanterie légère

Brigade Saint-Hilaire puis Cervoni
70e demi-brigade de bataille

2e DIVISION D'AVANT-GARDE
Général de division Meynier puis Joubert
Adjudants généraux Lorcet, Touret

Brigades Joubert
3e demi-brigade d'infanterie légère

Brigade Cervoni puis Dommartin
84e demi-brigade de bataille
99e demi-brigade de bataille

Brigade Dommartin
Demi-brigade de bataille *(sans numéro)*

LE CORPS DE BATAILLE

3e DIVISION *(ex 1re du corps de bataille)*
Général de division Augereau
Adjudants généraux
Quésnel, Verdier

Brigade Banel *(+ 13 avril 1796)*
8e demi-brigade d'infanterie légère
25e demi-brigade
Brigade Beyrand *(+ 10 mai 1796)*
39e demi-brigade de bataille
69e demi-brigade de bataille

Brigade Rusca
14e demi-brigade de bataille

4e DIVISION
Général de division Sérurier
Adjudants généraux
Argod ou Argot, Coutard

Brigade Gieu puis Miollis (?)
8e demi-brigade d'infanterie légère

Brigade Pelletier puis Sahuquet
46e demi-brigade de bataille

Brigade Fiorella
56e demi-brigade de bataille

Brigade Colaud de Lasalcette (?)

LA RÉSERVE

1re DIVISION (ex 5e division)
Général de division Macquard

Brigade Dallemagne

Brigade David

2e DIVISION (ex 6e division)
Général de division Garnier

Brigade Davin

Brigade Colomb

Brigade Bizanet

Brigade Verne *(+ 15 novembre 1796)*

Brigade Charton *(+ 12 septembre 1796)*

3e DIVISION (ex 1re division de la Côte)
Général de division Mouret

Brigade Gardanne

4e DIVISION (ex 2e division de la Côte)
Général de division Casabianca

Brigade Para

Brigade Guillot

DIVISION DE NICE
Général de brigade Casaeta
Directeur du parc d'artillerie
Pernety

LA CAVALERIE
Commandant de la cavalerie
Stengel *(+ 28 avril 1796)* puis Kilmaine

Division Stengel

Brigade Stengel
- 1er hussards
- 10e chasseurs à cheval
- 22e chasseurs à cheval

Brigade Beaumont
- 25e chasseurs à cheval
- 5e dragons
- 20e dragons
- 7e bis hussards

Division Kilmaine
- 13e hussards
- 24e chasseurs à cheval
- 8e dragons
- 15e dragons

par la vallée du Main, et de Moreau, par celle du Danube. Mais Bonaparte ne peut se satisfaire de jouer les utilités. Il doit aller vite, pour s'imposer et, surtout, profiter des plaines fertiles du nord de l'Italie afin d'organiser ses transports, atteler son artillerie, habiller et nourrir ses soldats. Il a tout à attendre de la victoire.

L'armée d'Italie est composée, en cette fin du mois de mars, d'une avant-garde de 18 000 hommes commandée par le général Masséna, stationnée à l'ouest de Gênes, un corps de bataille principal (26 000 hommes), étalé de la côte aux contreforts des Alpes, et formé des divisions Augereau, Sérurier et Garnier.

L'armée d'Italie occupe une grande partie de la Rivière de Gênes et, depuis la victoire de Schérer à Loano, elle verrouille la haute vallée du Tanaro.

Page 22, en haut.
Les combats de la redoute de Monte-Legino, le 11 avril 1796.
Le chef de brigade Rampon et ses 1 200 fantassins et artilleurs ont écrit, ce jour-là, une page de gloire.
(Huile sur toile de René Théodore Berthon, 1812. Musée de l'Histoire de France, Versailles, DR)

Il Duomo, la fabuleuse cathédrale de Milan sur une gravure d'époque. C'est dans la capitale des possessions autrichiennes dans la péninsule que le général Bonaparte va faire l'expérience de la politique « grandeur nature », durant le bel été 1796.
(Photo Castel Sforza, Milan)

La campagne d'Italie

Le Combat de Voltri, le 10 avril 1796.
La bataille de Montenotte, le 12 avril 1796.
La bataille de Millesimo-Cosseriaria, le 13 avril 1796.
La bataille de Dego, les 14 et 15 avril 1796.
Le combat de Pedaggera, le 16 avril 1796.
La bataille de Mondovi (six jours) débute le 21 avril 1796.
La bataille de Plaisance, 7 mai 1796.
Les combats de Fombio, du 7 au 9 mai 1796.
La manœuvre de Lodi, le 10 mai 1796.
Les combats de Guardamiglio, le 10 mai 1796.
Les combats de Codogno, 9 et 10 mai 1796.
La bataille du pont de Lodi, 10 mai 1796.
La manœuvre de Castelnovo, 11 mai 1796.
La bataille de Castiglione, du 1er au 5 aout 1796.
La bataille de Bassano, le 8 septembre 1796.
Le passage du pont d'Arcole, le 15 novembre 1796.
La bataille d'Arcole, le 16 novembre 1796.
La bataille de Rivoli, le 14 janvier 1797.
La reddition de Mantoue, le 17 janvier 1797.
Le passage du Tagliamento, le 16 mars 1797.
La bataille de Tarvis, du 21 au 23 mars 179è.

Les armées austro-sardes

Les Austro-Sardes sont à moins de cinquante kilomètres de la côte, prenant leurs quartiers d'hiver. L'aile droite est constituée de l'armée de Piémont-Sardaigne du comte Colli (20 000 hommes), l'aile gauche est formée des divisions autrichiennes de Beaulieu (30 000 hommes), le centre est tenu par les 10 000 soldats du général Argenteau.

Bonaparte, en infériorité numérique[4], prend l'initiative et se lance entre ses opposants afin de les battre les uns après les autres. Chacun de ses adversaires est, en fait, bien trop préoccupé par la protection de sa capitale respective pour être totalement coordonné avec son allié.

Bonaparte rassemble 38 000 fantassins, cavaliers et artilleurs pour accabler les Piémontais de Colli.

Ces derniers possèdent une masse de manœuvre qui n'est pas supérieure à 12 000 hommes, ce qui place les Français en position de force.

Bonaparte se glisse entre les deux ennemis et, de cette position qui peut paraître inconfortable, il va jeter, successivement, toutes ses forces réunies sur chacun de ces adversaires. Les 35 000 Autrichiens de Beaulieu sont encore dispersés et

4. L'infériorité numérique de Bonaparte est ainsi décomposée: 44000 hommes – contre 60000 Austro-Sardes – cinq fois moins de pièces d'artillerie que l'ennemi (40 contre 200). Un avantage toutefois est à mettre à son actif: l'armée d'Italie est une armée nationale alors que l'armée austro-sarde est composée de mercenaires difficiles à remplacer.

ne sont pas en mesure de se mettre rapidement en branle afin de sauver les Piémontais. Parallèlement à ce mouvement de Bonaparte, le commissaire aux armées Salicetti fait avancer une brigade vers le port de Gênes qu'il va tenter de rançonner. Cette manœuvre pousse Beaulieu à sortir de ses cantonnements pour arrêter l'offensive française, l'empêchant de se porter au secours de Colli.

Son adjoint, le général Argenteau, chargé de couper la retraite des Français est lui aussi abandonné. Bonaparte l'élimine en premier à Montenotte le 12 avril, puis à Dego le 15.

Le Français se tourne alors vers les Sardes à Millesimo et à Mondovi (13 et 21 avril). Ces derniers, sévèrement étrillés, sont obligés de demander un armistice qui sera signé le 28 avril 1796.

Les Sardes sortent du jeu

En dix-huit jours avec les pieds de ses soldats et son génie, Bonaparte écrase deux armées, remporte plusieurs victoires et sort le royaume de Piémont-Sardaigne de l'équation...

Le général en chef peut désormais se consacrer aux Autrichiens. Beaulieu s'étant retiré sur la rive nord du Pô, le jeune stratège décide de contourner le gros des forces autrichiennes en longeant la rive sud du Pô.

À Lodi, le 10 mai, il déboule sur l'arrière-garde et le fameux pont sur l'Adda est successivement franchi par Masséna, Lannes, Berthier et le général Dupas, le célèbre « général z'en avant ». Les Français sont victorieux et Milan, la capitale lombarde, tant protégée par les Autrichiens, est à leur portée. Le roi de Sardaigne signe la paix avec la République, le 15 mai. Il cède la Savoie et Nice à la France.

Cinq jours après la bataille de Lodi, Bonaparte *« rayonnant de bonheur et d'orgueil »* entre en vainqueur à Milan sous les acclamations des Milanais.

Beaulieu, en tentant de se soustraire à la poursuite dont il est victime, ne respecte pas la neutralité du territoire vénitien.

Immédiatement, une convention, signée avec Venise, livre Vérone aux Français et leur accorde le droit de passage. Les ducs de Parme et de Modène se retirent et Bologne et Ferrare sont occupées sans coup férir.

Milan devient vite, pour le jeune général, une forme de laboratoire politique: il attire tous les républicains d'Italie, favorise la création de Républiques sœurs, taxe les principautés italiennes, crée ses journaux qui serviront sa légende (« le Courrier de l'armée d'Italie » ou « le Patriote français à Milan »).

La forteresse de Mantoue

Napoléon ordonne au général Sérurier de faire le siège de Mantoue, le 3 juin 1796. Mettant à profit

Un général de la révolution en petite tenue uniforme, reconnaissable à la ceinture tricolore. Certaines sources y voient Napoléon Bonaparte, en Italie, peut-être à cause du décor – pelle et boulet de canon – évoquant les armes savantes. *(Collection particulière, droits réservés)*

ce moment de répit, il se tourne alors vers les États pontificaux du pape Pie VI et le Grand-Duché de Toscane de Ferdinand III.

Assisté d'Augereau et de Vaubois, le général en chef, le 23 juin, s'empare de la puissante forteresse papale d'Urbano, près de Castelfranco Emilia.

Les canons démontés de cette forteresse sont envoyés soutenir le siège de Mantoue. Le Castello Sforzesco, près de Milan, est, lui aussi, capturé le 29 juin. Florence et Ferrare, spontanément, ouvrent leurs portes aux Français.

Vaubois occupe Livourne et prive la Royal Navy britannique d'une base de ravitaillement importante sur la côte ligure.

Le principe de « l'économie des forces »

Le jeune général en chef de l'Armée d'Italie « réinvente » et applique une doctrine qui préside jusqu'à aujourd'hui à l'art de la guerre.

Pour Bonaparte, cet art de la guerre, justement, consiste en *« une combinaison de forces et de mouvements; ne pas attendre l'ennemi sur ses positions, mais aller le chercher, là où il se trouve et où les conséquences de la bataille seront les plus considérables »*. Plus de perte de temps à assiéger forteresses et place fortes, elles ouvriront leurs portes à l'annonce de la défaite de leur armée.

Si la théorie est simple, il est nécessaire de posséder une once de génie, ou une parcelle de talent, pour choisir l'instant et le lieu où il faut porter son attaque. Ici, réside la singularité napoléonienne. Une difficulté, toutefois, subsiste: l'ennemi étant partout, il est nécessaire de conserver une liberté d'action la plus complète.

Bonaparte applique donc le principe fondamental de sa doctrine: l'économie des forces. Celle-ci concerne, à la fois, la répartition des forces sur le théâtre d'opérations, comme sur le champ de bataille lui-même.

Il devient absolument nécessaire, dans cette perspective, de fixer l'ennemi partout avec les moyens « strictement » suffisants, permettant ainsi d'engager le combat avec des forces supérieures en nombre en un point choisi. Le jeune général applique ces principes dès les premières batailles de la campagne d'Italie de 1796. Cette pratique, répétée à l'envi, bouleverse toutes les lois de la guerre telles qu'elles étaient appliquées jusqu'alors.

La campagne d'Italie stupéfie le monde

En effet, à l'ouverture de la campagne voulue par le Directoire, les troupes coalisées – autrichiennes en majorité – sont réparties en quatre armées: deux sur le front allemand, deux sur le front de l'Italie du nord. De même, les forces de la République française sont divisées sur ces fronts en quatre armées: l'armée du Rhin, l'armée de Sambre-et-Meuse, l'armée des Alpes et l'armée d'Italie.

Le théâtre majeur des opérations est en Allemagne. En quelques mois, Bonaparte fait de l'Italie le théâtre principal et décisif.

Comme nous l'avons vu plus haut, les Alliés (environ 80000 hommes) sont répartis en deux masses: les Autrichiens de Beaulieu surveillent les Apennins, au sud d'Alexandrie; les Sardes, commandés par Colli, verrouillent la vallée du Tanaro, à Ceva.

L'armée française, forte de 40000 hommes est organisée en quatre divisions: Masséna, Augereau, Laharpe et Serrurier. Le dernier surveille les Sardes; les autres sont disposés le long de la côte, autour de Savone.

Bonaparte planifie la séparation des Alliés afin de les battre séparément. Menaçant Gênes, il attire Beaulieu et Argenteau qui marche sur Savone pour prendre l'armée française de flanc.

L'ennemi est alors divisé en trois masses. Nous allons voir Bonaparte jouer merveilleusement de ses quatre divisions. Le général français conserve un minimum de forces – une division au plus – devant l'ennemi qu'il ne souhaite pas combattre, et se précipite avec les trois divisions restantes sur le corps ennemi qu'il a décidé d'éliminer. Il possède, ainsi, la supériorité numérique sur le champ de bataille, tout en favorisant l'effet de surprise en comptant sur « les jambes de ses soldats », condition *sine qua non* de la rapidité de ses mouvements.

Pie VI demande l'Armistice et offre, en échange, Ancône, Ferrare et Bologne plus une grosse somme d'argent et des œuvres d'art.

Des renforts autrichiens imprévus

Malheureusement pour la conduite de la campagne italienne, les échecs de Moreau et de Jourdan en Allemagne permettent aux Autrichiens de soustraire du front allemand près de 30000 hommes, sous les ordres du général Wurmser. Les Français font désormais face à 50000 soldats autrichiens

Fidèle à sa tactique, Bonaparte prend l'initiative et se tourne immédiatement vers les nouveaux venus, laissant Beaulieu tranquille. Bonaparte, en s'installant devant Mantoue, sait qu'il attirera Wurmser. Ce dernier (72 ans) remplace Beaulieu (71 ans) comme commandant en chef des forces autrichiennes en Italie. Faisant confiance à sa supériorité numérique, il divise son armée en deux colonnes afin d'envelopper les Français et de les couper de leur base.

Les attaques autrichiennes ont lieu, simultanément, sur tous les corps français.

Bonaparte, loin de perdre son sang-froid, se lance au secours de Masséna, puis rassemble ses forces sur une position centrale. Il attaque au bon moment la première colonne, la bat puis, à Lonato, au début du mois d'août, défait la deuxième colonne. Le 5 août, à Castiglione, Wurmser fait maintenant face à Bonaparte.

Ce dernier éprouve déjà le système tactique qui sera le sien pendant longtemps: combat de front (Augereau et Masséna), attaque de flanc (Sérurier), et, enfin, le coup décisif porté par la réserve de cavalerie du général Kilmaine. Wurmser, défait, bat en retraite, mais, chanceux, il ne sera pas poursuivi par des Français trop épuisés[5]. Gagner les batailles avec les jambes de ses fantassins finit par trouver ses limites.

La campagne s'essouffle

L'armée d'Allemagne de Moreau ayant enfin percé, les Directeurs exigent de Bonaparte de venir l'aider dans le Tyrol. Le général en chef de l'armée d'Italie ne voulant pas laisser derrière lui l'armée de Wurmser, prend la décision de s'en débarrasser.

La bataille de Bassano, le 8 septembre, est une nouvelle défaite autrichienne. Wurmser est obligé de se retrancher dans Mantoue. Wurmser éliminé, Alvinczy (70 ans) est nommé par Vienne à la tête des troupes autrichiennes. Ce dernier prend, à son tour, la décision de sauver Mantoue… Et, lui aussi, commet l'erreur fatale: il divise ses forces en deux colonnes.

Bonaparte va le contourner par la région marécageuse d'Arcole. Si Bonaparte est, en fait, aidé par les défaites de Jourdan, il ne faut pas négliger, loin

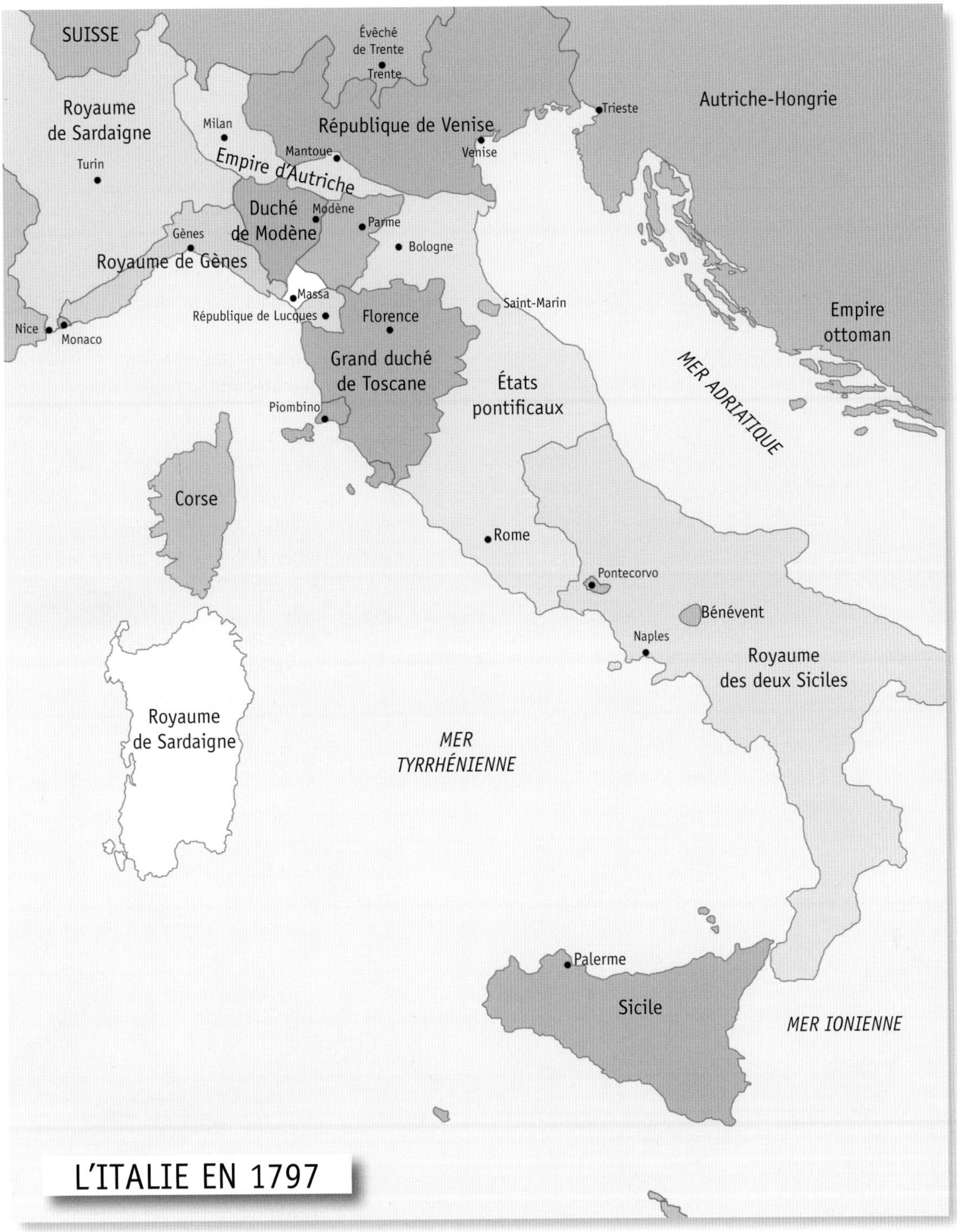

Double page suivante.
La bataille de Castiglione, qui tourne à l'avantage des Français, est la première grande confrontation entre le général en chef autrichien Alvinczy et le jeune Bonaparte. Ce dernier, qui n'est pas encore à l'apogée de son talent, a quarante-quatre ans de moins que son adversaire...
(Huile sur toile de Jean-Victor Adam, Google Art Project, tous droits réservés)

Ci-contre.
L'Italie en 1797.
Les victoires du général commandant l'armée d'Italie vont, en un peu moins d'un an, quelque peu changer la géographie politique de la péninsule.
(Carte du studio les Éditions des Soixante, tous droits réservés)

de là, dans son ascension, le retentissement considérable qu'il a su donner aux combats du Piémont et de Lombardie. Il est l'artisan de sa propre propagande.

En effet, Bonaparte a très tôt pris l'ampleur de l'effet, sur ses soldats, de ses proclamations et il se persuade qu'il est nécessaire – et plutôt aisé – de produire le même effet sur le Directoire et sur la France. Le général adresse donc régulièrement au gouvernement une multitude de rapports sur les opérations d'Italie. Autant de tribunes dans lesquelles il s'exprime et auxquelles il donne une grande publicité.

Alternant la promotion de ses talents d'organisateur et le récit de ses victoires, il se défend, bien sûr, de toute ambition personnelle.

6. C'est au cours de ces journées que la division du général Masséna réussit l'exploit de participer à deux engagements et une bataille en une semaine, tout en marchant plus de 160 km !

De la bonne propagande...

En matière d'autocélébration et d'autosatisfaction de ses propres décisions, personne ne surpasse le jeune général de 27 ans. Ainsi, le 19 avril 1797, écrit-il au Directoire :

« Si je me fusse, au commencement. de la campagne, obstiné à aller à Turin, je n'aurais jamais passé le Pô ; si je m'étais obstiné à aller à Rome, j'aurais perdu Milan ; si je m'étais obstiné à aller à Vienne, peut-être aurais-je perdu la République. Le vrai plan de campagne pour détruire l'Empereur était celui que j'ai fait. »

On n'est jamais mieux servi...

3 la bataille d'Arcole

Le premier jour de la bataille d'Arcole. Au loin, sur le pont, Napoléon Bonaparte s'est emparé du drapeau d'une demi-brigade d'infanterie et galvanise les grenadiers qui refluaient devant le feu nourri des Croates, embusqués dans les maisons, de l'autre côté de l'ouvrage. Au premier plan, l'artillerie française tente de soutenir l'assaut en bombardant la rive opposée… *(Gravure du XIXe siècle, collection particulière, droits réservés)*

La satisfaction d'avoir délivré la Corse, sa terre natale, de la présence anglaise en y expédiant une petite armée, constituée de réfugiés regroupés et armés depuis Livourne, est loin de compenser le mal fait par les défaites des troupes de la République, en Allemagne. Les Autrichiens et leurs alliés en Italie reprennent confiance.

Les échecs successifs du début du mois de novembre, lors des engagements des demi-brigades de Masséna et Vaubois contre Quosdanovich et Alvinczy autour de La Corona et Bassano, ont profondément marqué le moral des troupes françaises et la capacité de Bonaparte à compter sur ses troupes.

L'extraordinaire suite de victoires, que vient de remporter lors de ces sept derniers mois l'armée d'Italie, est quelque peu ternie par ces défaites.

Les positions d'Alvinczy

Après ses petites victoires qui ont stoppé l'avance française, Alvinczy va diviser son armée en deux colonnes. La première, directement sous ses ordres, doit reprendre la bourgade de Bassano à Masséna puis le poursuivre. La seconde colonne, confiée à Provera, doit repousser Augereau.

L'objectif final est, bien évidemment, de libérer Wurmser enfermé dans Mantoue. Les Autrichiens réussissent à passer l'Adige à Anghiari et marchent vers la ville assiégée. Masséna, prévenu de la manœuvre par ses espions, dans la nuit du 3 au 4 novembre, se replie sur Vicence et apprend qu'Augereau est confronté à des ennemis supérieurs en nombre.

Le 11 novembre, il reçoit l'ordre de prendre Caldiero où sont arrivés Hohenzollern, Sticker et 8 000 hommes.

Après son passage à Anghiari, Masséna se lance à la poursuite de Provera, coupant sa retraite.

Le 12 novembre, les réserves autrichiennes arrivent à Caldiero, avec à leur tête Provera et Brabeck. Les 32e et 75e demi-brigades françaises sont obligées de reculer devant les troupes autrichiennes fortes de 18 000 hommes.

Hohenzollern pousse une pointe vers Vérone, tenue désormais par Augereau, mais, repoussé, il se replie près de Caldiero. Le général Kilmaine, qui com-

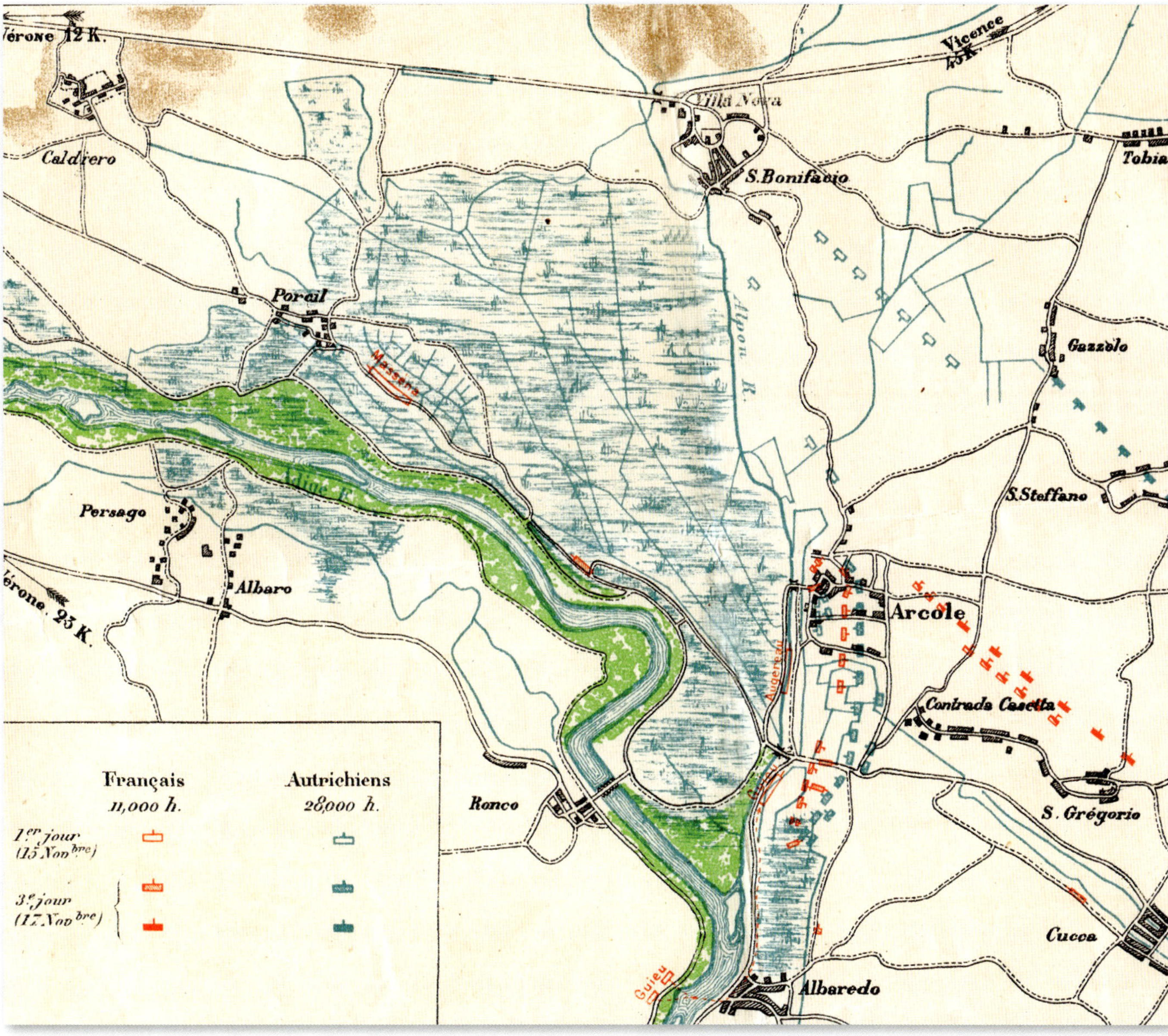

mandait les forces françaises dans la ville de Roméo et Juliette est envoyé diriger le blocus de Mantoue. Il laisse derrière lui une partie de la cavalerie commandée par Beaurevoir.

Le général Vaubois recule devant les assauts de Davidovitch après l'échec des Français devant Caldiero (2 000 hommes sont perdus).

Il est obligé d'envoyer 3 000 hommes de renfort, commandés par Guieu, à Vérone. Reculant jusqu'à La Corona, il combat de son mieux pour protéger La Chiusa et les ponts sur l'Adige.

Vérone devient alors la seule place forte capable de protéger les passages sur l'Adige.

Les cités de Villanova et Caldiero deviennent les nouvelles bases de départ des Autrichiens. Mitrowski se dirige, de son côté, vers Arcole.

Davidovitch repousse Vaubois, mais stoppe son avance et n'assure pas, contre toute attente, sa jonction avec Alvinczy pour atteindre Mantoue, donnant ainsi un répit à Bonaparte pourtant inquiet et hésitant.

La réaction de Bonaparte

Le général en chef français se résout, toutefois, à tenter de battre séparément les deux colonnes ennemies : Alvinczy, qui descend vers Vérone et Mantoue, et Davidovitch, qui menace Vaubois, et compte, lui aussi, finir sa course devant Mantoue. Vaubois, affaibli après avoir envoyé ses renforts vers Vérone, est obligé de reculer vers Rivoli.

La manœuvre du général en chef français sur Arcole va lui permettre de tomber sur les arrières d'Alvinczy qui lui semble, à cet instant, mener la colonne la plus dangereuse pour les Français. En adoptant le principe d'un barrage sur l'Adige, centré sur Vérone, Legnano et Ronco, il se place à la portée de Vaubois et des colonnes d'Alvinczy venant de Vicence et Caldiero.

Bonaparte estime qu'Alvinczy est obligé de passer par Villanova et considère que la position d'Arcole est la meilleure pour attaquer, de flanc et par l'arrière, les colonnes autrichiennes. Bonaparte décide donc de passer l'Adige sur un ouvrage jeté par ses

Sur cette carte illustrant, comme la légende l'indique, les trois jours de l'engagement, sont bien résumés les enjeux et les particularités du champ de bataille devant Arcole. On juge ainsi de l'importance des chaussées, seuls axes de progression sur les marais. *(Carte publiée sur gravure au XIXe siècle, collection particulière, droits réservés)*

pontonniers à Ronco, près d'Arcole et Porcile. La région est marécageuse et n'est praticable que par les digues levées à Porcile et à Arcole. Pour Bonaparte, ce terrain difficile, empêchant l'ennemi de se déployer largement, compense l'infériorité numérique des Français.

Cette manœuvre de Bonaparte est en tout point admirable, bien que le choix de Ronco pour exécuter le passage de l'Adige demeure discutable. À cet endroit, derrière le fleuve, les Français se trouvent confrontés à l'Alpone, un torrent rapide et profond, facile à tenir par l'ennemi. Plus bas, à Albaredo, les Français auraient débouché à l'est d'Arcole, devant San Bonifacio. Le général en chef français a sans doute craint de voir Vérone tomber sous les coups du corps autrichien et son désir de couper les lignes de communications ennemies lui permettait de s'occuper de la colonne ennemie tout en se portant au secours de la ville assiégée.

LE 15 NOVEMBRE, PREMIER JOUR DE L'OFFENSIVE

Masséna emprunte la chaussée de Porcile avec les 32e et 12e demi-brigades et part attaquer le village de Balfiore di Porcile, tenu par les brigades Gavasini et Bionde. Il défait le régiment de Spléný et un bataillon de Croates de Brabeck et s'empare de Porcile et de ses voies de communication. Lors de l'engagement, le général Masséna perd deux canons qu'il reprendra vite avec trois pièces autrichiennes. Ses demi-brigades s'emparent d'un drapeau et mettent 300 Autrichiens[1] hors de combat.

Le pont d'Arcole

Augereau, après avoir franchi la passerelle à Ronco, arrive devant le pont d'Arcole et se dirige vers Villanova. La 51e demi-brigade est en tête, sous les ordres de Robert, suivie par la 5e légère et la 4e de ligne. Les Autrichiens de Mitrowski et de Brigido sont envoyés dans Arcole, dès l'arrivée des premiers tirailleurs français.

Les Croates du colonel Brigido, venus défendre Arcole, sont installés le long de la rive gauche du canal de l'Alpone où se trouvent les digues surplombant les marais.

Le pont de bois d'Arcole, sur l'Alpone, est défendu par une tourelle carrée.

Les fantassins croates, abrités le long de la rive gauche, dans la centaine de maisons du village, soutenus par deux canons, fusillent la colonne française montant au feu. Le 3e bataillon de la 51e demi-brigade est stoppé net par les tirs des défenseurs et les hommes courent se réfugier derrière la digue de la rive droite.

Bonaparte, arrivé sur les lieux avec le gros des troupes françaises, est résolument décidé à enfoncer les Autrichiens afin de couper, au plus vite, leurs lignes de ravitaillement sur la route de Vérone à Vicence.

Le général en chef Bonaparte exhorte ses grenadiers à reprendre le combat. Il faut s'emparer d'Arcole. Il va, bientôt, payer de sa personne. *(Édouard Detaille, Google Art Project, droits réservés)*

1. D'autres sources donnent 800 pertes pour les Austro-Hongrois.
2. Le canal est large de 19,4 m, profond de 1,20 m ; les berges sont hautes de près de 8 m.
3. Ce récit est rapporté par Reinhard.

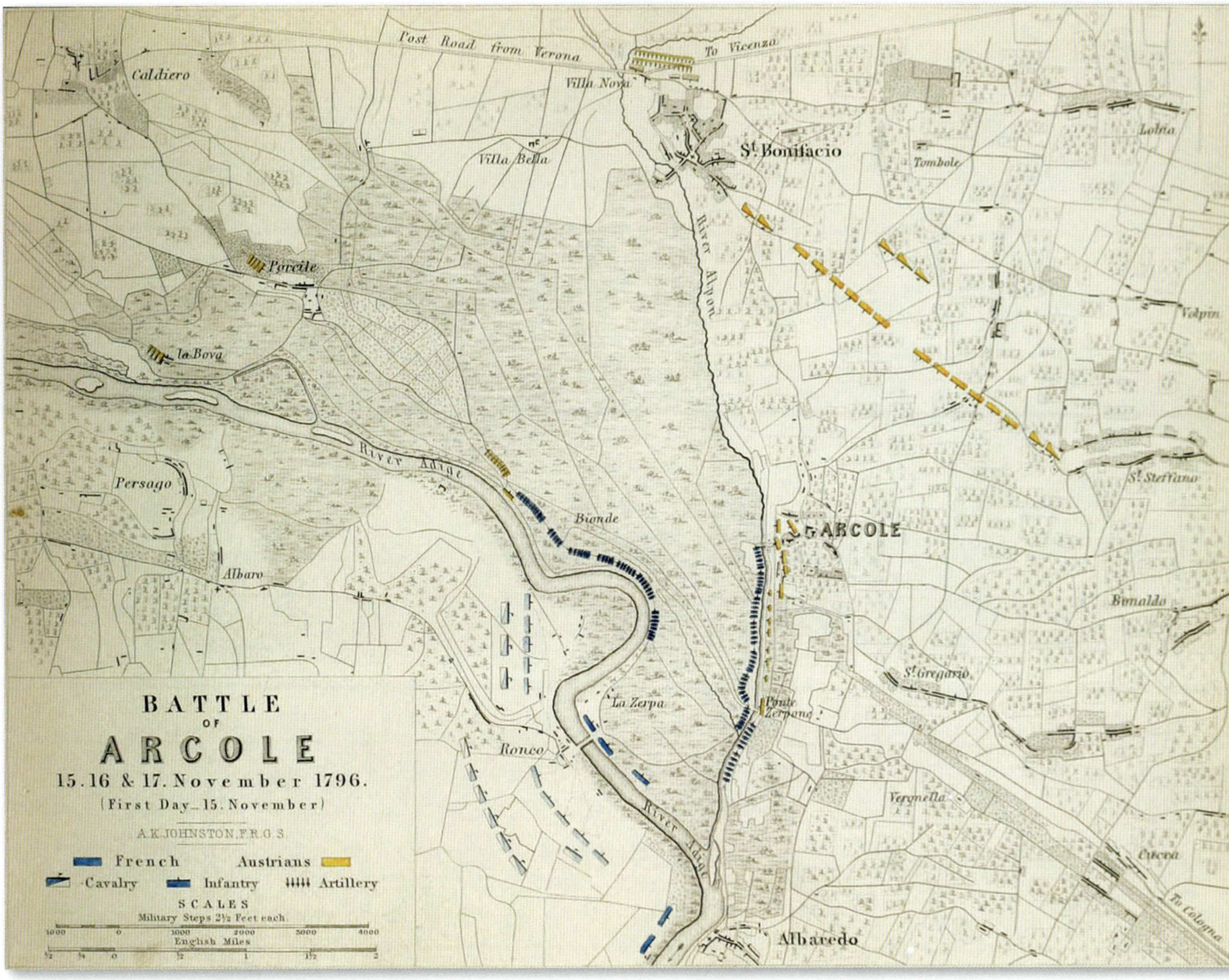

Cette carte décrit les combats du premier jour devant Arcole. *(Carte publiée sur gravure au XIXe siècle, collection particulière, droits réservés)*

Les généraux Lannes et Verdier sont blessés, à la tête de leurs régiments. Le général Verne est tué. Augereau, à son tour, s'élance mais lui non plus ne peut atteindre l'autre extrémité du pont.

Les tirailleurs ennemis, toujours à l'abri des maisons, déciment les rangs français.

Très vite, le général Guieu reçoit l'ordre de Bonaparte de faire passer, plus au sud, ses demi-brigades pour prendre à revers les défenseurs d'Arcole.

Bonaparte se rend compte que les 3 000 hommes de Guieu arriveront bien trop tard. Il prend la décision de relancer l'attaque sur le pont. Il se tourne vers les rangs français et leur lance : *« N'êtes-vous plus les guerriers de Lodi ? Qu'est devenue cette intrépidité dont vous avez donné tant de preuves ? »*

Le jeune général met pied à terre, s'empare du drapeau le plus proche et se lance sur le pont d'Arcole qu'il réussit à approcher.

Autour de lui, les membres de son état-major tentent de le protéger et paient un lourd tribut : Muiron, son aide de camp, est tué, Lannes est blessé pour la deuxième fois. Les Français, éprouvés, reculent en désordre sur la chaussée. et les Autrichiens en profitent pour passer le pont, venant bousculer les Français.

Bonaparte, très rapidement, juge que ses efforts sont inutiles et il ordonne le retrait. Les grenadiers se hâtent de le suivre, mais la cohue est si grande, qu'entraîné par son cheval sur lequel il vient de remonter, il glisse le long de la berge et tombe dans le marais. Son frère Louis et Marmont, aidés de deux grenadiers de la 4e, le sortent de l'eau.

Le groupe de Français est dépassé par les hommes du colonel Brigido qui ne se doutent pas qu'ils viennent de croiser le général en chef ennemi. Heureusement pour l'avenir du général Bonaparte, l'adjudant-général Belliard est conscient de la situation et réussit à faire volte-face à ses grenadiers de l'arrière-garde. Cette impétueuse contre-attaque dégage Bonaparte. Belliard est immédiatement récompensé ; il est fait général sur la chaussée d'Arcole. Sulkowski, l'aide de camp talentueux du général en chef, présent sur le champ de bataille, raconte bien cet épisode[3]. *« J'étais près de Verdier qui commandait l'élite de la division Augereau. Il fait battre la charge deux fois.*

L'ennemi envoya alors trois bataillons à la course, traînant leurs canons dont deux vont nous prendre en écharpe et deux obusiers aggravent nos pertes. Des

(suite page 36)

Double page suivante. Bonaparte sur le pont d'Arcole. Bien que ce tableau ne soit pas aussi connu que le portrait du général, peint par Gros, il n'exalte pas moins bien la légende napoléonienne en insistant sur les dangers de la traversée. *(La bataille du pont d'Arcole, huile sur toile d'Horace, Vernet, 1826, collection privée, photo © Christie's Images-Bridgeman Images)*

H. Vernet 1826.

tirailleurs se sont installés en face sur la rive gauche et fusillent la colonne française. A cette vue, Augereau, l'intrépide, arrache un drapeau et s'avance, suivi de quelques braves. Cinq ou six sont tués et ils reculent, se réfugiant à nouveau derrière le revers de la digue. Nos généraux sont en tête mais ils tombent sous les coups.

Bon, Lannes, Verdier et Verne reviennent percés de balles et noyés dans leur sang. Augereau, abandonné revient sans blessure. Bonaparte, qui est à mi-chemin, est averti et il prend un parti digne de sa gloire. Nous le voyons tout-à-coup paraître sur la digue avec son état-major et ses guides. Il descend de cheval, tire son sabre, prend un drapeau et s'élance. Les soldats le voient mais ne le suivent pas. Ce moment fut court mais funeste à tout ce qui entourait Bonaparte, son aide de camp Muiron est tué, Vignolle gravement blessé, Mathelon et Martineau, adjoints de Belliard, sont tués.

Moi-même je fus atteint par un biscayen, je suis sauvé par mon manteau roulé mis en sautoir mais un obus éclate à mes pieds et me lance à la tête la terre qu'il soulève; le coup fut si violent que j'en perdis connaissance, lorsque je repris connaissance je me trouvais loin de la scène, emporté par des soldats. »

La légende est en marche

Sulkowski, alors inconscient, n'a pas assisté à cette dernière phase de la bataille. Certains témoins – Kircheisen en particulier – ont très tôt contesté l'épisode où Bonaparte a, à l'instar de Augereau, saisit un drapeau.

D'autres, comme Marmont, prétendent que Bonaparte, entouré d'officiers, a été dissuadé de s'exposer en vain. La lâcheté des troupes passée sous silence est, par contre, confirmée par tous les témoins. Pendant ce temps, Guieu, qui a reçu l'ordre de traverser sur des barques vers Albaredo, y parvient et se porte jusqu'à Arcole puis prend le village. Demeurant totalement isolé, il est obligé de se replier, comme les autres unités françaises, à Ronco.

Pendant qu'Augereau et sa division campent, contraints et forcés, devant le pont d'Arcole, la gauche française, sous les ordres de Masséna, se porte sur la chaussée qui va de Bionde à Porcil. Le niçois doit contrôler Caldiero.

Il avance lentement en couvrant le flanc gauche du général Augereau. Affaibli, il a envoyé sa 18e demi-brigade légère renforcer Augereau qui supporte le poids principal de l'offensive.

Pour occuper Porcile, bourg situé à 6 km au nord-ouest d'Arcole, il se débarrasse des régiments autrichiens du corps de Provera qui tentaient de l'en empêcher. Le général Gardanne, héros du jour, occupe le bourg avant de rejoindre le gros de l'Armée à Ronco sur l'ordre de Bonaparte. Pendant ce temps,

Vue – depuis l'ouest – des villages, des marais sur la plaine, et du pont d'Arcole, le 15 novembre 1796. *(Huile sur toile de Bagetti, Google Art Project, droits réservés)*

Guieu, ayant accompli la manœuvre de débordement par le sud qui lui a été commandée, se heurte à l'arrière-garde autrichienne enfermée dans Arcole. Il prend le village puis se retire. Arrivé trop tard, il repasse, lui aussi, sur la rive droite de l'Adige quand Bonaparte lui donne l'ordre de revenir à Ronco. Pour éviter que l'armée française ne se retrouve, le lendemain, le dos à l'Adige, face aux troupes d'Alvinczy et à la menace, dans la plaine, que représente Mitrowsky, au nord d'Arcole, les Français franchissent à nouveau le fleuve.

L'assaut par surprise sur les arrières de l'ennemi échoue donc devant le pont d'Arcole.

Alvinczy, désormais, est conscient que la menace française sur ses lignes est réelle. Et s'il a pu sauver ses parcs et ses communications en se renforçant sur cette ligne de défense, il renonce momentanément à prendre Vérone et à opérer sa jonction avec Davidovitch. Bonaparte, maintenant installé à Ronco, peut se sentir satisfait, il vient de reprendre l'initiative. Ses soldats, habitués qu'ils étaient, depuis le début de la campagne, à tout emporter sur leur passage ont mal vécu l'échec de Caldiero. Même si Vérone est sauvée – c'était le premier objectif de Bonaparte –, rien n'est encore perdu car la possibilité de devancer Davidovitch devant Mantoue est toujours d'actualité.

L'armée autrichienne à Arcole

Feldzeugmeister Josef Alvinczy commandant en chef (51 000 hommes hors garnison de Mantoue)

CORPS DU FRIOUL

Feldmarschall-Leutnant Peter Quosdanovich (28 699 hommes)

AVANT-GARDE ET RÉSERVE

- Avant-garde
General-major Frédéric François Xavier de Hohenzollern-Hechingen (4 397 hommes)

- Brigade de réserve
General-major Philipp Pittoni von Dannenfeld (4 376 hommes)

CORPS PRINCIPAL - 1re ligne

Feldmarschall-Leutnant Giovanni Provera (9 380 hommes)

- Brigade du *General-major* Gerhard Rosselmini

- Brigade du *General-major* Anton Lipthay de Kisfalud

CORPS PRINCIPAL - 2e ligne

Feldmarschall-Leutnant Giovanni Provera (8 279 hommes)

- 1re brigade du *General-major* Anton Schübirz von Chobinin

- 2e brigade
General-major Adolf Brabeck

- Brigade indépendante
General-major Anton Ferdinand Mittrowsky (3 000 hommes)

CORPS DU TYROL

Feldmarschall-Leutnant Paul Davidovitch (19 476 hommes)

- 1re brigade
General-major Johann Ludwig Alexius von Loudon (4 277 hommes)

- 2e brigade
General-major Joseph Ocskay von Ocsko (4 663 hommes)

- 3e brigade
General-major Johann Sporck (2 560 hommes)

- 4e et 5e brigades
General-major Josef Philipp Vukassovich (6 880 hommes

- 6e brigade
Oberstleutnant Seulen (1 096 hommes)

GARNISON DE MANTOUE

Feld-maréchal Dagobert Sigmund von Wurmser (23 708 hommes) + 22 pièces d'artillerie.

Le général Augereau au pont d'Arcole. Les grenadiers reculent ; alors le général Augereau saisit un drapeau et s'élance, apostrophant les soldats : *« Lâches, craignez-vous donc tant la mort ? »* Ils ne peuvent dépasser le milieu du pont. *(Huile sur toile de Thévenin, musée de Versailles, collection particulière, droits réservés).*

Page suivante, en haut. Cette photographie contemporaine montre une des chaussées qui passent sur les marais, devant Arcole. *(Collection particulière, sous droits réservés)*

Page suivante, en bas. Une pièce d'artillerie, ses servants et son avant-train en Italie. *(Lithographie, d'Édouard Detaille, collection particulière, droits réservés)*

Deux résolutions sont prises durant les quelques heures qui séparent la nuit de l'aube. Tout d'abord, le 16 novembre doit devenir un jour de victoire afin de réinsuffler la « rage de vaincre » chez ses soldats de l'Armée d'Italie. Ensuite, les troupes françaises vont se livrer à une guerre d'usure en profitant de leurs nouvelles positions, le long de l'Adige. La bataille va durer encore deux journées.

LE 16 NOVEMBRE, DEUXIÈME JOUR DE LA BATAILLE

Dès le jour levé, les généraux Augereau et Masséna reprennent leur chemin. Pendant la nuit, Brigido et Mitrowsky, à Arcole, ont reçu les renforts des brigades Sticker et Schubirz en provenance de Provera. Tous vont marcher sur Ronco.

Le général autrichien Provera sort de Porcile pendant que Mitrowsky quitte Arcole et tombe sur Masséna. Les Autrichiens repoussent la 12e demi-brigade qui tente de les arrêter. Gardanne à la tête des 32e et 25e la rejoint. Les Autrichiens sont repoussés vers Caldiero et perdent cinq canons. Dans le mouvement, Porcile est repris. Mitrowsky, qui a tout d'abord repoussé Augereau, se replie sur Arcole à la nouvelle de la retraite de Provera.

La guerre d'usure

Pour compenser son infériorité numérique, Bonaparte utilise, tout d'abord, le terrain qui lui est favorable. Ensuite, il n'hésite pas à faire venir 3 000 hommes de Mantoue. Dégarnir les troupes du siège est un risque mesuré, les Autrichiens étant bien trop

L'armée française à Arcole

Général de division Napoléon Bonaparte, commandant en chef (41 560 hommes)

DIVISION MASSÉNA

Général de division André Masséna (9 540 hommes)
- Brigade Ménard
Philippe Romain Ménard
- Brigade Rampon
Antoine-Guillaume Rampon
- Brigade Vial
4e demi-brigade légère
17e demi-brigade légère
22e demi-brigade légère
29e demi-brigade légère
- Brigade Pijon
Jean Joseph Magdeleine Pijon
- Brigade Leclerc
18e demi-brigade légère
1er de cavalerie
2 régiments de cavalerie

DIVISION AUGEREAU

Général de division Pierre Augereau (8 340 hommes)
- Brigade Verdier
Jean Antoine Verdier
- Brigade Bon
Louis André Bon
- Brigade Lannes
Jean Lannes
1 régiment de cavalerie

DIVISION BELGRAND

Général de division Claude-Henri Belgrand de Vaubois
(10 500 hommes)
- Brigade Guieu
Jean Joseph Guieu
- Brigade Fiorella
Pascal Antoine Fiorella
- Brigade Gardanne
25e demi-brigade
32e demi-brigade

DIVISION KILMAINE

Général de division Charles Édouard Jennings de Kilmaine (8 830 hommes)
- Brigade Chabot
Louis François Jean Chabot
- Brigade Dallemagne
Claude Dallemagne
- Brigade de Sandos
Thomas Chegaray de Sandos
- Brigade Lebley
Claude Marie Lebley
- Brigade Bertin
Nicolas Bertin
1 régiment de cavalerie

DIVISION MACQUARD

Général de division François Macquard

RÉSERVE DE CAVALERIE

Général de division Thomas Alexandre Dumas (1600 hommes)
6 régiments

Sur cette gravure publiée dans « La France Militaire », on peut voir, enfin, le pont d'Arcole dégagé de toute représentation allégorique. Cette vue a été réalisée à partir d'un croquis exécuté pendant la bataille. *(La France Militaire, collection particulière, droits réservés)*

occupés ailleurs. Conscient que sa seule présence galvanise ses troupes, il circule une partie de la nuit parmi les bivouacs et présente la prise d'Arcole par Guieu comme une réelle victoire, annonciatrice des prochaines. Au-delà du talent – ou du génie – tactique de Bonaparte, les succès de l'Armée d'Italie passent aussi par *« la confiance et l'enthousiasme qu'il a su communiquer à ses hommes »* [4].

Dès l'aube, les Français répètent la manœuvre de la veille, étrange persévérance car rien n'empêchait, surtout après le travail de Guieu, de jeter un pont sur l'Adige du côté d'Albaredo pendant la nuit.

La guerre d'usure est une hypothèse plausible, et, comme l'énonce l'adage selon lequel « on n'est jamais à l'abri d'un succès », la possibilité de vaincre les Autrichiens à Arcole est toujours d'actualité.

Les régiments qui lui font face, souvent formés à la hâte, sont composés essentiellement de jeunes recrues, fragilisées par les combats des derniers jours.

Le général en chef autrichien sait maintenant que le général français Vaubois a résisté à Davidovitch.

Ayant renoncé à sa progression et à la traversée de l'Adige à Zevio, Alvinczy rassemble son armée et attaque massivement Ronco et son pont, vital pour les Français. Il pense fermer son dispositif en envoyant sa cavalerie contrôler, à Albaredo, la route utilisée la veille par les Français.

Le pont sur l'Alpone

Les divisions de Masséna et Augereau arrivent très vite au contact des Autrichiens. La gauche française, toujours sous les ordres de Masséna, affronte les forces de Provera devant Bionde. Les Français, appuyés par deux pièces d'artillerie, forcent les Autrichiens à reculer, faisant huit cents prisonniers, capturant six canons et trois drapeaux. Provera retraite sur Porcile.

L'aile droite, formée de la division Augereau, avance jusqu'à Arcole, maintenant défendu par Alvinczy en personne. Afin de détourner l'attention du gros des défenseurs de la ville, Bonaparte envoie les cavaliers du 15ᵉ régiment de dragons porter des fascines pour jeter un pont sur l'Alpone.

Malheureusement, celles-ci, en nombre insuffisant, ne servent à rien. Au même moment, le général Vial et une partie de la garnison de Legnano remontent l'Adige, alors que le général Robert, à la tête de la 75ᵉ demi-brigade, appuyé par deux canons, est envoyé par Augereau soutenir la progression de Gardanne. Refoulé, il suggère de jeter un pont plus bas, sur le fleuve, au lieu de s'obstiner à vouloir prendre Arcole.

Les unités françaises partent vers l'endroit choisi qui sera sous la garde de six pièces légères. Vial, avec sa 51ᵉ demi-brigade, va protéger Chasseloup-Laubat, chargé de jeter le pont par-dessus l'Adige.

Vial – un ancien marin devenu fantassin et officier général à titre provisoire – parvient à tourner la gauche autrichienne. Il se prépare à passer l'Alpone ; malheureusement, il est impossible de traverser à gué, l'eau est trop froide, le courant trop fort et la rivière trop profonde. Le général, esseulé, revient sur la rive droite. La 51ᵉ est remplacée par la 75ᵉ demi-brigade.

Masséna, toujours en couverture sur l'aile gauche du dispositif central tenu par Augereau, est forcé d'attendre la progression de ce dernier.

Le front français reste statique

Bonaparte, retrouvant ses qualités d'artilleur, commande une batterie de quatre canons qui arrête l'attaque du centre autrichien parti de San Bonifacio. La nuit est maintenant tombée et, si les Français n'ont pas réellement progressé, les pertes autrichiennes sont terribles. De plus, les deux corps ennemis, de Provera et de Mitrowsky, sont toujours séparés par les troupes de Bonaparte.

Ce dernier n'aura plus qu'à choisir qui attaquer. Autre sujet de satisfaction pour le général en chef, Kilmaine et ses renforts sont arrivés, faisant basculer l'avantage du nombre, pour une fois, du côté français.

Sulkowski, décidément incontournable au soir de chaque journée d'engagement, conclut ce triste jour du 16 novembre par ce lapidaire : *« Un jour sans gloire. »*

LE TROISIÈME JOUR DE LA BATAILLE

En ce matin du 17 novembre, Masséna, toujours à la tête de l'aile gauche du dispositif français, traverse l'Adige. Ses troupes sont composées de la 18e demi-brigade et de deux bataillons de la 75e de Ligne.

La 32e demi-brigade est, avec Gardane, utilisée dans une embuscade, au cœur des petits bois, le

Le 15 novembre, le général Lannes, déjà blessé, apprenant la présence du général en chef Bonaparte à la tête des grenadiers sur le pont, se précipite à ses côtés. Il va recevoir une troisième blessure. *(Gravure du XIXe siècle, collection particulière, droits réservés)*

Encore une image à la gloire de Bonaparte et de l'armée d'Italie, bien loin de la réalité historique. Les généraux Bonaparte et Augereau franchissent, à la tête de leurs troupes, drapeaux des demi-brigades flottant au vent, le pont d'Arcole, se riant des salves de l'infanterie austro-hongroise. *(Gravure d'époque, collection particulière, droits réservés)*

Arcole, le 17 novembre

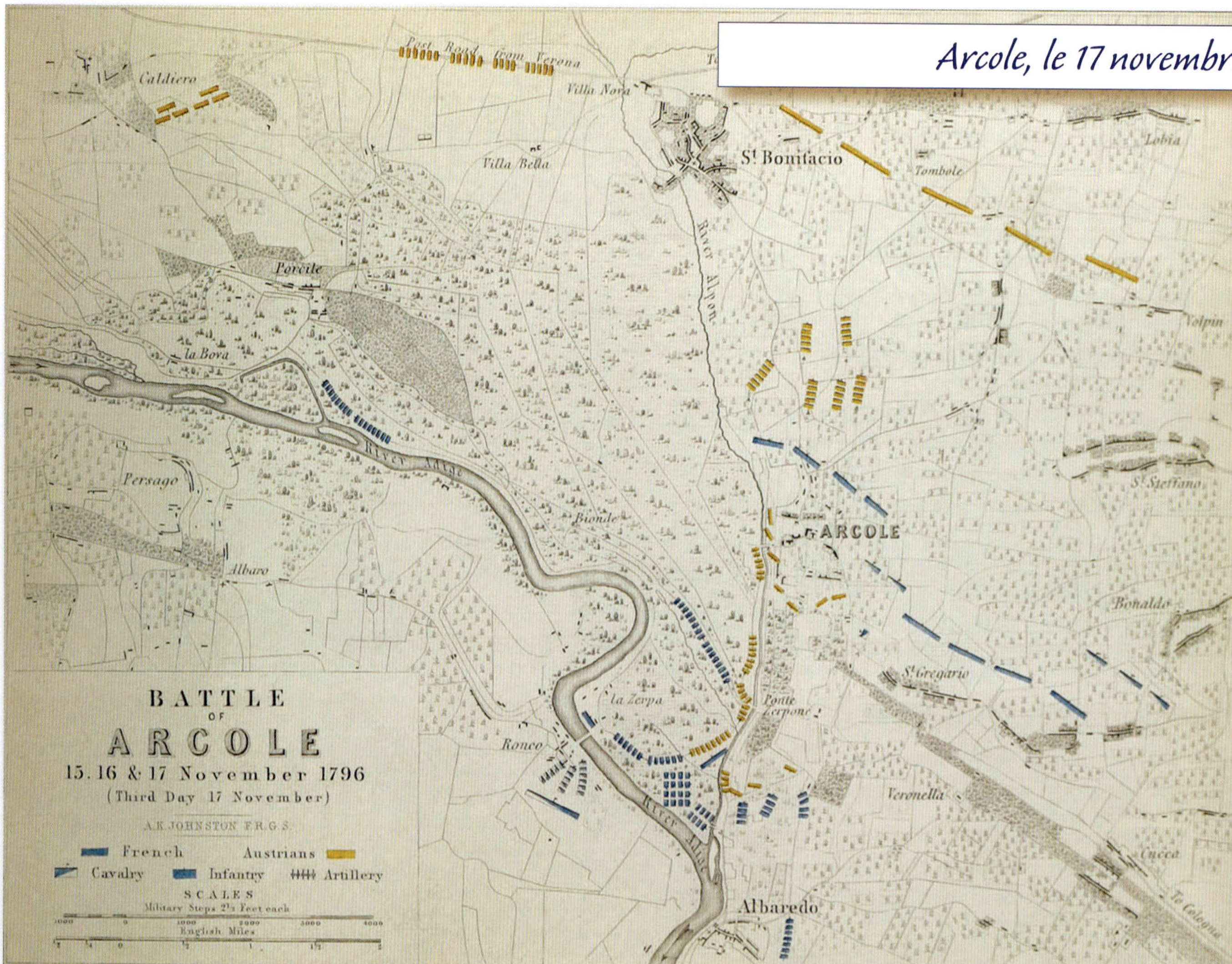

Cette carte présente les combats du troisième et dernier jour autour du village Arcole.
(Carte du studio les Éditions des Soixante, tous droits réservés)

long des premiers mètres de la digue, en direction d'Arcole. Les Autrichiens, pour leur part, sont à l'attaque de la 12e demi-brigade, chargée de protéger le pont de Ronco. Un peu plus loin, la 18e demi-brigade légère et une batterie d'artillerie arrêtent la progression autrichienne avant même le pont.

Augereau est passé

Au centre, Augereau retraverse l'Alpone, empruntant le nouveau pont construit par les hommes de Chasseloup-Laubat. La 51e demi-brigade, celle qui fut repoussée l'avant-veille par les Croates, passe la première sur l'ouvrage, bientôt suivie de la 4e demi-brigade. Les deux unités, réunies en un irrésistible fer de lance, vont repousser les Croates et s'emparent du bourg d'Albaredo.

Un bataillon de la 40e de ligne, accompagné de plusieurs compagnies de dragons et de quatre pièces d'artillerie, les rejoint, en provenance de Legnano. Augereau est, désormais, en mesure de remonter la rive gauche vers Arcole.

Le 1er bataillon de la 23e demi-brigade et le 1er grenadiers – tous deux stationnés à Vérone –, rejoignent à leur tour Ronco. Masséna est rappelé par Bonaparte. Quittant la digue de Porcile, le général

rejoint celle qui va à Arcole. Le Niçois est à la tête de la 18e demi-brigade et tente de rejoindre Robert. Ce dernier, qui progressait sur le même axe, à la tête des 75e et 5e, est refoulé vers La Zerpa. Robert, grièvement touché, meurt de ses blessures.

La 32e demi-brigade abandonne les lieux de son embuscade pour fondre sur Mitrowski, déjà en difficulté sur la digue. Les Autrichiens sont précipités dans les marais. Les Français en capturent un grand nombre. Gardane – à la tête des carabiniers de la 18e demi-brigade et des grenadiers de la 25e – est à la poursuite des Autrichiens qui ont commencé à quitter Arcole.

Les dragons de l'escorte de Masséna – 20 cavaliers du 15e régiment – chargent devant les demi-brigades, s'emparent des canons de l'ennemi, accentuant sa déroute. De plus, les carabiniers de la 18e légère franchissent le pont et opèrent leur jonction avec les soldats d'Augereau. Si Gardanne est blessé, 300 Croates sont cernés et faits prisonniers.

Bonaparte sait qu'est arrivé le moment d'en finir. Deux craintes, toutefois, le saisissent; a-t-il encore suffisamment d'hommes? Et Vaubois a-t-il pu résister à Davidovitch? Les troupes françaises sont au bivouac, près de Ronco. Pendant que les fantassins prennent quelques heures de répit, les pontonniers sont envoyés construire un pont de chevalets sur l'Alpone.

Arcole toujours aux mains des Autrichiens

Vial, envoyé par le général en chef sur la route de Legnano, doit venir sur les arrières autrichiens *« pour laisser croire à la venue de troupes fraîches »*.

Masséna part, dès l'aube, sur Porcile, affronter le corps du général Provera. Augereau conserve l'objectif principal: attaquer et prendre Arcole; Augereau, une fois débarrassé de son adversaire, doit revenir soutenir l'attaque sur Arcole.

À l'aube, l'armée d'Italie repasse pour la troisième fois l'Adige.

La 12e demi-brigade, l'élément de tête de la colonne, a tout juste le temps de traverser le pont de chevalets et d'arriver sur l'autre rive quand un des bateaux de l'ouvrage d'art coule. Les Autrichiens en profitent pour attaquer la formation française isolée sur leur rive. Les batteries, dirigées par le général en chef Bonaparte en personne, prennent les Austro-hongrois en enfilade et les font reculer, dégageant la 12e demi-brigade. L'ouvrage est enfin réparé, et les Français reprennent petit à petit leur progression. La

Bacler d'Albe a représenté la soirée du 17 novembre 1796 quand les Français vont, enfin, s'emparer définitivement du village d'Arcole.
(Huile sur toile du baron Louis Bacler d'Albe, (1761-1824)
© Google Art Project)

Page suivante.
Le lieutenant Hercule mène une charge héroïque sur les troupes du général Miloradovitch, permettant à Augereau de repartir à l'assaut.
« J'ordonnai au citoyen Hercule, officier de mes guides, de choisir vingt-cinq hommes de sa compagnie, de longer l'Adige une demi-lieue et de tomber ensuite, au grand galop, sur le dos de l'ennemi, en faisant sonner plusieurs trompettes. Cette manœuvre réussit parfaitement. L'infanterie fut ébranlée. »
Pour ce fait d'armes, il est nommé capitaine le 21 décembre 1796. Né à La Havane le 17 mars 1761, Joseph Damingue (ou Domingue ou Domingo, dit Hercule) meurt à Paris, en 1820.
(Planche Bucquoy, collection particulière)

division de Masséna est éparpillée entre la réserve, à l'abri dans les taillis ou sous les ordres du général Robert, une fois encore lancé en direction d'Arcole. La 18e demi-brigade est restée avec Masséna. L'assaut décisif, qui doit être donné par Augereau, est reporté ; les pontonniers, transis de froid dans l'eau glacée de l'Adige, ne peuvent achever les réparations qu'à la fin de la matinée.

Le général Robert, à la tête de la 75e, dans une manœuvre de diversion, attaque le pont d'Arcole.

Malheureusement, les Autrichiens, plus nombreux, repoussent les Français qui reculent en direction de Ronco, laissant quelques canons derrière eux. Les premières troupes d'Augereau, au contact de l'ennemi, sont obligées de reculer en reprenant le pont de Ronco. Le général en chef donne l'ordre de contre-attaquer.

Gardanne et la nouvelle unité de renfort sortent des bois où ils attendaient et bousculent le flanc de l'attaque autrichienne.

La 18e demi-brigade, de retour de Porcile où elle a dispersé les Autrichiens, attaque « la queue de colonne » autrichienne.

Au même moment, la 32e demi-brigade prend les Autrichiens de front. Attaqués de trois côtés à la fois, les Autrichiens sont renversés dans les marais. Les pertes sont extraordinaires.

Les Autrichiens finissent par céder

À cet endroit, la victoire française est totale, même si le pont d'Arcole reste toujours aux mains de l'ennemi.

Pendant que les Autrichiens sont renversés dans les marais, Augereau, de son côté, avance vers Arcole par la rive gauche.

Il est à la tête du 3e bataillon de la 75e demi-brigade et du 1er grenadiers. Il a réussi, enfin, à emprunter le pont de chevalets sur l'Alpone. Malheureusement pour lui, le général en chef autrichien a placé face à lui quatre bataillons.

Idéalement situés sur la seule voie possible, entre l'Alpone, à droite, et un marais, à gauche, les Autrichiens arrêtent l'attaque française.

Bonaparte est contraint d'utiliser un stratagème pour compenser son infériorité numérique et soulager Augereau, coincé. Le lieutenant Hercule et une petite compagnie de 25 guides du général en chef, accompagnés de tous les trompettes disponibles, contournent le marais pour charger les unités de Miloradovitch défendant Arcole.

La ruse réussit et la charge tonitruante sidère les Autrichiens qui entament leur retraite. Augereau peut reprendre son assaut.

Les Autrichiens, malgré la surprise, refluent en bon ordre jusqu'au moment où, sur leur flanc gauche, les

Les batteries. françaises à Arcole. Une pièce de 4 est rechargée avant de continuer sa tâche. *(Anonyme, collection particulière, droits réservés)*

Le général en chef autrichien a perdu 535 tués, 1535 blessés et 4141 prisonniers, 11 canons et 10 caissons.

Davidovitch ayant enfin pu attaquer Vaubois, de son côté, a progressé. Le général français sous la pression, dès le 15 novembre, s'est replié à Rivoli, abandonnant La Corona à l'ennemi.

Au moment où Bonaparte, le 17 novembre, fait reculer les Autrichiens, Vaubois est obligé d'abandonner Rivoli après avoir perdu 1800 fantassins. Se repliant sur Castelnuovo, puis Peschiera, il laisse la route de Mantoue aux Autrichiens.

Bonaparte a eu plusieurs généraux blessés ou tués et de nombreux officiers et cadres sont perdus. Gachot peut dire : *« c'est la guerre des officiers. Il y a des brigades commandées par des lieutenants et des bataillons par des fourriers, tous les braves sont morts. Les soldats ne sont plus les mêmes. Ils ont même abandonné, le 16, le général en chef qui était à leur tête. Tous les officiers qui étaient avec lui sont tombés… Lannes a été blessé trois fois, Vernes, Vignolle, Robert, Muiron tués. Il n'y a que l'enthousiasme républicain qui puisse donner la victoire ! »*

Après les derniers combats et la poursuite, les troupes françaises vont pouvoir réapprovisionner. Ici, un charroi d'une entreprise privée est déchargé par des fantassins en tenue de quartier, sous la surveillance de deux commissaires ordonnateurs *(Gravure d'Édouard Detaille, collection particulière, droits réservés)*

deux bataillons, emmenés par Vial depuis Legnano déboulent.

La confusion dans les rangs autrichiens est à son comble quand le général Brabeck est tué.

Bonaparte peut se tourner désormais vers Arcole. Pour assurer ses arrières, il envoie, à nouveau, une brigade de la division Masséna en direction de Porcile où Provera est toujours embusqué. Avec les unités restantes de Masséna, il se dirige vers Arcole. Mitrowski, qui n'a pas obtenu de renfort, se replie sur San Bonifacio.

Toute l'armée autrichienne retraite. En moins de trois jours, elle vient de perdre près de 6000 hommes.

La poursuite

Les Français poursuivent les Autrichiens sur la route de San Bonifacio. La retraite en ordre des Autrichiens se mue en une *« fuite éperdue en direction de Caldiero »*.

À gauche, la 18e demi-brigade s'empare de Porcile. Pendant la nuit, deux bataillons autrichiens tentent de revenir sur Arcole, bousculant la 25e demi-brigade, mais ils sont refoulés par la batterie qui protège le pont.

Davidovitch, n'ayant toujours pas rejoint, Alvinczy ne peut plus demeurer dans cette position *« aussi avancée sans risque grave »*. Renonçant à Mantoue, une fois encore, il décide de rejoindre Montebello, sur la route de Vicence, en espérant que son lieutenant rallie.

Le général en chef est salué par les fantassins qui montent – littéralement – au feu. Bonaparte est accompagné de tout son état-major et de ses aides de camp. *(Gravure d'Édouard Detaille, collection particulière, droits réservés)*

Les pertes sont, elles aussi, très lourdes. Masséna n'a plus que 7 552 soldats et plus de 4 000 hommes, ont disparu pendant ces trois jours.

Bonaparte a réussi à diviser les deux forces des Autrichiens, il lui reste désormais à compléter la victoire d'Arcole. Il faut tout d'abord protéger la route de Mantoue et c'est pour cela qu'il envoie Masséna entre Anghiari et la ville assiégée. Provera est lui aussi en route.

Le 18 novembre, un nouveau plan

Bonaparte apprend l'échec de Vaubois à Rivoli. Cet échec était prévisible, le général en chef ayant prélevé un bon nombre de troupes pour étoffer son attaque d'Arcole, Vaubois – homme courageux mais général facilement dépassé dans les situations critiques – ne pouvait que difficilement faire mieux dans les circonstances, face à un ennemi supérieur en nombre.

Bonaparte a cette faculté d'échafauder de nouvelles tactiques rapidement en fonction de la situation. Son nouveau plan se joue en quatre points :

- Tout d'abord, Masséna doit s'arrêter à Villanova et surveiller la progression du général en chef autrichien.

- La brigade Guieu, avec les troupes du corps de blocus, rejoint les positions à Villafranca, au sud du lac de Garde. Guieu sera ainsi en mesure de se porter au secours de Mantoue... Ou au secours de Vaubois, en difficulté près de Rivoli.

- Augereau regagne Vérone par la route de Vicence. Sa division va opérer un vaste mouvement tournant pour prendre Davidovitch de revers quand il sera occupé à batailler contre Vaubois et ses renforts.

- Une partie de l'armée passera par la vallée de la Pantena au nord de Vérone afin de se rabattre vers l'ouest, au nord de Rivoli, sur la route de Trente à Dolce et couper la route aux Autrichiens.

Bonaparte compte, une fois encore, sur les jambes de ses soldats pour vaincre. *« Si l'on suit, sur une carte, les déplacements imposés aux troupes françaises, on est obligé d'admirer la capacité étonnante qu'elles ont à se mouvoir en des temps records, surprenant presque invariablement l'ennemi qui ne peut imaginer une telle mobilité ; d'autant que ces marches s'exécutent sac au dos, fusil à la main et en traînant les canons »*.

Le 19 novembre, Bonaparte prend la décision de concentrer ses forces sur Davidovitch ne laissant qu'un faible rideau de troupes devant le corps d'Alvinczy, qui panse ses plaies après le désastre d'Arcole.

Masséna, comme prévu, repasse l'Adige en direction de Villafranca pour rejoindre Vaubois. Les Français laissent derrière eux quelques garnisons dans les villages occupés, reliées entre elles par quelques escadrons de cavalerie.

Le 21 novembre

L'armée française a retrouvé son moral et repart vers de nouvelles batailles avec une détermination sans faille. Les kilomètres seront plus faciles à parcourir.

Le général Davidovitch, le 20 novembre, a pris la décision de regagner l'abri des montagnes. Cette prudence lui est inspirée par la défaite de son général en chef à Arcole. Les Français, comme à leur habitude, progressant à vive allure, rattrapent l'arrière-garde de Davidovitch et s'emparent de six canons et font 1 200 prisonniers.

Le général Joubert continue jusqu'à la Corona, au nord-ouest de Dolce, pendant que le général

Augereau va chercher les Autrichiens retranchés sur les hauteurs de Sainte-Anne. Malheureusement, ce dernier arrive bien trop tard pour empêcher Davidovitch de revenir sur ses bases de départ.

Alvinczy, hors de combat, Davidovitch rejeté vers le Tyrol, Würmser retranché derrière les murs de Mantoue : autant de satisfaction pour Bonaparte.

Le manque de coordination entre les offensives d'Alvinczy et de Davidovitch, associé à la pusillanimité de Würmser, qui ne tente à aucun moment de soulager les efforts des armées de secours en tentant une sortie, facilitent grandement la tâche des Français. C'est le 23 novembre, quand le général Kilmaine est déjà revenu devant ses murs, qu'enfermé dans Mantoue, il tente une action…

Quatre colonnes, de 2000 hommes chacune, sortent de la citadelle. Profitant de l'effet de surprise, elles progressent de quelques mètres avant d'être renvoyées dans la ville après avoir perdu près de 10 % des leurs. L'inaction de Würmser reste aujourd'hui encore relativement incompréhensible : il a nécessairement entendu le bruit de la bataille d'Arcole et, même, en tenant compte des « aspérités » du terrain, il n'a pas pu ne pas remarquer le départ d'une partie des troupes l'assiégeant.

Mantoue, pour la troisième fois, n'a pas été délivrée.

Si Alvinczy reconnaît sa défaite, il s'empresse de mettre en œuvre la « retraite » de ses troupes le long de l'Adige, vers Rivoli.

Sur le plateau, le général Joubert remplace le général Vaubois. Bonaparte, qui vient de reconstituer une partie de ses troupes à Vérone, va bientôt se mettre en marche pour se porter à son secours. Augereau, en réserve, contrôle la route

Les légendes d'Arcole

Comme nous l'avons vu, l'épisode est réel mais l'image de propagande voulue par l'entourage de Bonaparte – et popularisée par le général en chef lui-même – est assez loin de la vérité. Si l'on a gardé l'image d'un Bonaparte franchissant le pont drapeau à la main, c'est parce que l'on ne pouvait conserver celle d'un général en chef roulant dans la boue. Il a crié aux soldats qui hésitaient : *« Soldats, êtes-vous encore les vainqueurs de Lodi ? »* Mais un feu roulant des Autrichiens, suivi d'une vigoureuse contre-attaque, l'a bousculé et précipité dans la boue du fleuve, à moitié inanimé. C'est durant cette action que son fidèle aide de camp, son ami depuis Toulon, Muiron est tué à ses côtés.

TRAIT HÉROÏQUE
DU GÉNÉRAL BUONAPARTE,
COMMANDANT EN CHEF L'ARMÉE D'ITALIE,
Né en Corse, le 15 Août 1769.

FIN.

BUONAPARTE, Général en chef de l'Armée d'Italie, conquérant de *Ceva*, *Mondoris*, *Cherasco*, *Fossano*, passage du Pont de *Lodi*, sur lequel il a planté le pavillon Français; *Peschiera*, *Véronne*, *Corona*, *Monbaldor*, *Loudon*, *Riva*, *Gouvernolo*, *Bargo*, *Roveredo*, le *Tirol*, *Bassano*, *Rivoli*, *St-George*, *Mantoue*, *Arcole*, *Anguiary*; la paix accordée au Pape, qui renonce à *Boulogne*, *Ferrare*, & cède *Avignon* à la France. Toutes ces Victoires ont été remportées en quatorze Batailles rangées, & soixante-dix combats; cent mille prisonniers faits à l'Empereur, & cinq cents pièces de Canons de campagne & deux mille pièces de gros calibre, quatre équipages de camp; trente millions en numéraire, envoyés au trésor national.

A ORLÉANS, Chez Huet-Perdoux, rue Egalité, n.° 5.

Notons que ce fameux drapeau est celui du 2e bataillon de la 51e demi-brigade de ligne et qu'il porte encore au moment des faits le numéro de la 99e demi-brigade, dont la 51e était issue.

Si tous les emblèmes devaient, depuis 1794, porter les trois couleurs, un seul par demi-brigade, celui appelé premier drapeau, était réglementaire, c'est-à-dire avec les couleurs bleu blanc rouge disposées en trois zones verticales. Les autres étaient laissés à la fantaisie des chefs de corps. Ainsi, celui porté par le général en chef n'était-il pas réglementaire.

Toujours à propos du fameux drapeau, rapportons l'anecdote, assez savoureuse, notée par Gachot.

Au mois de février 1797, après Rivoli donc, Bonaparte, qui habite dans le palais Serbelloni ,accueille le peintre Gros qui devait réaliser son portrait sur le pont d'Arcole. Quelle attitude prendre ? C'est Joséphine qui, saisissant un drapeau, montra la composition à adopter. Le jeune Legros, élève de David, est venu terminer le tableau.

Une autre légende est née après la bataille d'Arcole. C'est ici, probablement, que se situe l'épisode très connu de la sentinelle endormie.

En inspection, la nuit précédant la bataille, Bonaparte s'approche d'un factionnaire endormi… Prenant l'arme du soldat, il prend la faction à sa place. Le grenadier se réveille brusquement et reconnaissant son général, il déclare : *« Je suis perdu. »*

« Rassure-toi, lui dit Bonaparte; *après tant de fatigues, il peut être permis à un brave tel que toi de succomber au sommeil, mais une autre fois, choisis mieux ton temps. »*

Cette anecdote circule, bien sûr, rapidement chez les Français. Bonaparte est bien le chef exigeant qui demande beaucoup, mais il est aussi le chef attentionné, celui qui comprend le soldat, proche de lui, et partage sa lassitude physique.

(Images, collection particulière, DR)

Au lendemain de la poursuite, pendant que les Autrichiens vont prendre leurs quartiers d'hiver, se réorganisant, les Français soufflent. La discipline va quelque peu en souffrir. *(Gravure d'époque, Bibliothèque Anne SK Brown, Boston, DR)*

Le général en chef accueille Lasalle et les cavaliers du 1er régiment de cavalerie qui l'ont accompagné dans son expédition à Vicence. Le génial trublion a déboulé en pleine revue de la cavalerie de l'armée d'Italie par Bonaparte. *(Dessins de Jack Girbal pour le livre « Lasalle » du docteur Hourtoulle, tous droits réservés)*

de Vicence, pendant que Sérurier et Sahuquet continuent le blocus de Mantoue. Miollis, pour sa part, est cantonné dans Saint-Georges.

Marmont, quelques années plus tard, émettra, à propos des manœuvres réalisées à Arcole, cette sentence admirative : *« Il fallait être un général supérieur pour renoncer à des succès apparents afin d'en obtenir de réels. »*

Pour von Clausewitz, comme il l'écrit dans son traité sur la campagne d'Italie, il n'en est pas de même. L'Allemand est beaucoup plus critique. Plus réaliste ? *« La marche sur Bassano était une erreur complète, l'attaque du 6* [novembre à Vicence] *une demi-mesure, celle du 12 sur Caldiero ne fut pas autre chose non plus ... Si, malgré tout, il* [le général Bonaparte] *sortit encore vainqueur de la lutte, il le dut au plan et aux mesures confuses des Autrichiens, puis à son courage et à son opiniâtreté, mais point à son habileté. »*

Deux mois passent...

Alvinczy met à profit ce répit pour reconstituer ses forces. Il revient, en ce début d'année 1797, avec une armée plus forte encore qu'à l'automne : 64 bataillons d'infanterie, 30 escadrons de cavalerie lourde et légère, organisés en huit divisons d'infanterie et deux de cavalerie.

Pendant que ses troupes prennent leurs quartiers d'hiver, Bonaparte reçoit, le 29 novembre, l'espion du Directoire : le général Clarke.

Lasalle à Vicence

Aide de camp de l'adjudant-général Kellerman (le jeune) – de la division de cavalerie de l'armée d'Italie, commandée par Bonaparte –, le jeune et bouillant capitaine de chasseurs à cheval va réaliser un exploit qui le propulsera parmi les héros de la campagne d'Italie.

Lasalle est follement amoureux de sa maîtresse, la jolie marquise de Sali, qui n'a qu'un défaut : elle réside à Vicence, ville, depuis quelques semaines, tombée aux mains des Autrichiens. Il monte alors une opération invraisemblable. Il trie sur le volet un groupe de 20 cavaliers du 1er régiment de cavalerie, leur fait enlever leur cocarde et chausser leur grand manteau blanc pour traverser les lignes ennemies. Lasalle, qui parle couramment allemand, ouvre la marche. Arrivé à Vicence, il part rejoindre sa jolie Italienne qui lui confie les renseignements qu'elle a glanés depuis quelques semaines.

Leur « conférence d'état-major » dure jusqu'à la découverte par les Autrichiens des cavaliers français. Le retour vers les lignes françaises est une succession de combats et d'embuscades. Lasalle est même obligé de traverser la Bachiglione à la nage, après avoir chargé avec 18 cavaliers plus de 100 hussards autrichiens.

Le bilan de l'opération est satisfaisant : des renseignements à foison, trois prisonniers, douze ennemis tués pour seulement trois Français faits prisonniers. Au retour, le « commando » débouche en pleine revue des divisions de cavalerie par Bonaparte qui découvre ainsi le jeune Lasalle.

Il ne l'oubliera plus.

4 la bataille de Rivoli

Ci-dessous.
« Tu veux de la gloire… ? »
Le général en chef Bonaparte et son état-major passent sur le front des troupes.
Le héros de l'armée d'Italie est acclamé par ses soldats.
(Huile sur toile, d'Édouard Detaille, collection particulière, droits réservés)

Le 7 janvier 1797, le général en chef autrichien, ragaillardi par les déboires des armées de la République sur le Rhin, donne enfin l'ordre à son armée d'attaquer les Français. Il était temps de déclencher une nouvelle offensive car Mantoue est en proie à de graves problèmes de ravitaillement et menace de rendre les armes à chaque instant.

Alvinczy quitte donc Bassano avec la plus grande partie de son armée et se dirige sur Roveredo en traversant la montagne, au moment où Bajaliz avance vers Vérone et Provera vers Este, au sud-est de Padoue. Ce dernier emprunte la route la plus courte pour Mantoue.

Le 8 janvier, Provera, en attaquant l'avant-garde d'Augereau qui prenait ses quartiers à Bevilacqua, au nord-est de Legnano, donne enfin l'alerte aux Français. Les Autrichiens campent désormais devant Legnano.

À ce moment de la campagne, Bonaparte est à Bologne avec Lannes, préparant la « pacification » de la Romagne.

Le général en chef français, malgré sa fièvre[1], quitte Bologne et rejoint son quartier général de Vérone où l'attendent Masséna et Augereau. Ce dernier est immédiatement envoyé sur la ligne de l'Adige entre Lugnago et Ronco. Joubert – qui vient de remplacer Vaubois, décidément trop marqué par les défaites – dispose ses troupes à La Corona.

Le plan d'Alvinczy

Pour cette nouvelle offensive, Alvinczy a décidé de diviser ses troupes en deux corps.

Le corps principal de Provera, venant de Padoue, qui doit marcher vers Vérone et Mantoue avec 9 000 hommes.

Le corps de Bayalich – fort de 6 000 hommes – qui doit descendre, également, de Bassano vers Vérone et Mantoue

Alvinczy garde 27 000 hommes et descend la vallée de l'Adige vers Rivoli, ayant repoussé Vaubois jusqu'à La Corona.

1. Quand Bonaparte reprit la campagne, il semblait épuisé. Il ne pouvait plus monter à cheval sans un effort de courage suivi d'un complet abattement. Ses amis le crurent empoisonné et lui-même eut cette idée. Ses joues caves et livides ajoutaient encore à l'effet mesquin de sa petite taille. Les émigrés disaient en parlant de lui : « *Il est jaune à faire plaisir.* » Et on buvait à sa mort prochaine. Il se raidit. Trois chevaux moururent de fatigue sous ce cavalier rongé de fièvre.

L'Autrichien va aussi essayer de « descendre » vers Vérone, par le Nord, pour libérer Mantoue. Il va tenter au passage d'occuper le plateau de Rivoli, en passant par La Corona, et d'en chasser les Français.

LES 10 ET 11 JANVIER 1797

Bonaparte inspecte les troupes devant Mantoue et, rassuré sur la conviction sans faille des assiégeants, retourne vers le gros de l'armée, non sans laisser ses instructions. De retour à Vérone, il prend connaissance d'une lettre adressée à Wurmser qu'un espion a remis au général Augereau[2]. Cette lettre détaille les projets d'Alvinczy. Bonaparte reçoit personnellement Toli, un des émissaires d'Alvinczy, qui vient lui vendre les plans de Weyrother. Les témoins ont conservé les traces de ce dialogue.

« [...] *Retourne à Roveredo. Va dire au général autrichien que Bonaparte s'occupe, à Bologne, de constituer une République Cispadane, que Joubert et Masséna n'ont pas 10 000 hommes à lui opposer, que les Français sont démoralisés. Junot, donnez cinquante louis à ce garçon.* »

— *Et je ferai payer Alvinczy ?*

— *Un faux rapport se vend le plus cher possible.*

— *Si mon rôle lui est dévoilé ?*

— *As-tu peur des risques ? Tout métier en a. Eh bien ! Alvinczy te fera fusiller. Ne crains pas cette exécution. Je t'attendrai demain au presbytère de Rivoli.*

— *À demain, général.* [...] »

Même tenu au courant des projets de son adversaire, Bonaparte hésite toujours sur la marche à suivre, les sources de renseignements ne se recoupent pas et la lettre de Toli est peut-être un faux.

Provera surgit à Badia, sur l'Adige, et tente, par tous les moyens, de faire croire qu'il est la force principale de l'offensive autrichienne. Augereau, qui tient la droite française, envoie deux bataillons pour bloquer Provera. Après avoir laissé une petite garnison à Legnano, il s'installe à Roneo, d'où il peut manœuvrer au mieux, en fonction des mouvements autrichiens.

Les cinq colonnes d'Alvinczy

Les troupes d'Alvinczy commencent par l'ascension du premier plan de Montebaldo, le 11 janvier. À cette altitude, les fantassins et les cavaliers autrichiens progressent sur des sentiers escarpés, couverts de neige et de glace. Arrivé devant le plateau de Rivoli, le général en chef autrichien assure ses lignes de communication avec ses troupes restées au bord de l'Adige et près de La Corona, qui peuvent, désormais, manœuvrer le long du Tasso. C'est à ce moment que le général divise son armée en cinq colonnes.

2. Les généraux français entretenaient dans la région un vaste réseau d'agents chargés de surveiller les Autrichiens et les Italiens rétifs.

L'armée française à Rivoli

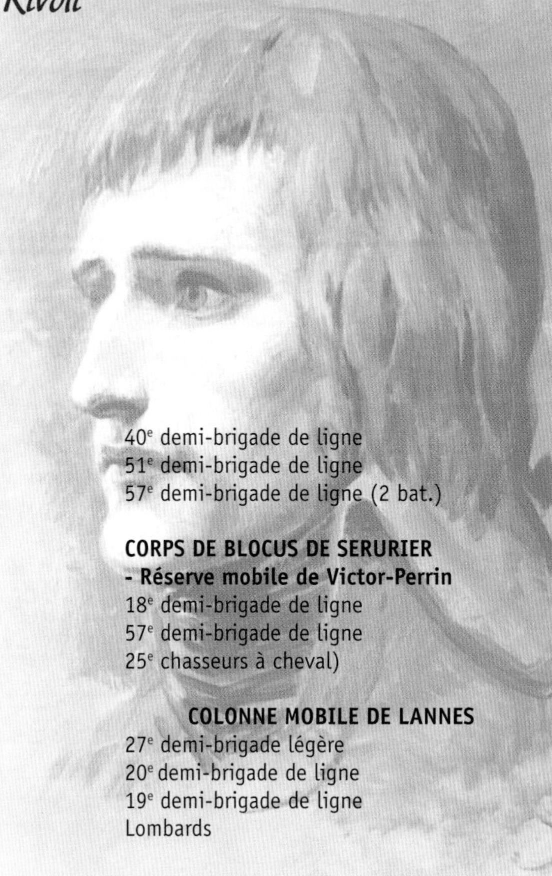

LA CAVALERIE

RÉSERVE DE CAVALERIE DURGA
DIVISION ALEXANDRE DUMAS

DIVISION REY

- Brigade Vaux
12e demi-brigade légère
12e dragons

- Brigade Baraguay d'Hilliers
11e demi-brigade légère
58e demi-brigade de ligne

DIVISION JOUBERT

- Brigade Vial
4e demi-brigade légère
17e demi-brigade légère
22e demi-brigade légère
29e demi-brigade légère

- Brigade Lebley
33e demi-brigade de ligne
85e demi-brigade de ligne

- Brigade Sandoz
14e demi-brigade de ligne
39e demi-brigade de ligne
22e chasseurs à cheval

Brigade Mayber

DIVISION MASSÉNA

- Brigade Leclerc
18e demi-brigade légère
1er de cavalerie
15e dragons

- Brigade Monnier
18e demi-brigade de ligne
75e demi-brigade de ligne

- Brigade Brune
25e demi-brigade de ligne
32e demi-brigade de ligne

DIVISION AUGEREAU

- Brigade Guieu

- Brigade Point

- Brigade Verdier

- Brigade Victor

- Brigade Walther
5e demi-brigade légère
4e demi-brigade de ligne

40e demi-brigade de ligne
51e demi-brigade de ligne
57e demi-brigade de ligne (2 bat.)

CORPS DE BLOCUS DE SERURIER

- Réserve mobile de Victor-Perrin
18e demi-brigade de ligne
57e demi-brigade de ligne
25e chasseurs à cheval)

COLONNE MOBILE DE LANNES

27e demi-brigade légère
20e demi-brigade de ligne
19e demi-brigade de ligne
Lombards

L'avant-garde autrichienne du général Provera franchit l'Adige à Anghiari. Les Français les attendent sur la rive droite. Ce sont les *Freiwillgen-Korps* qui sont pris sous les feux roulants de l'avant-garde française. *(Bibliothèque nationale de Vienne)*

Pour cela, il va partager ses troupes en cinq colonnes dont Gachot donne le détail. La première colonne de Lusignan groupe 4 556 hommes dont :
- les bataillons de Lattermann : 671
- les bataillons de Mitroski : 1 101
- les bataillons de Klebeckk : 1 084 hommes.
- les douze compagnies de chasseurs Giulay, soit 1 700 hommes.

Son rôle est de descendre le val Caprino entre le Monte Balbo et les collines de Trombolara, en contournant le plateau de Rivoli et en se rabattant vers le Monte-Pipolo, coupant la retraite des Français.

La colonne doit faire sa jonction avec des éléments de Wukassowich qui doivent passer un pont en construction devant La Chiusa, formant un encerclement complet de Joubert, lequel est privé de sa ligne de retraite.

La 2e colonne de Liptay de 5 000 hommes dont :
- les six compagnies de chasseurs Trani, soit 467 hommes.
- les bataillons de Déorns (1 054 hommes).
- les bataillons de Hüff (1 383 hommes).
- les bataillons de Jellachich (1 172 hommes).

Elle doit être à l'aile droite contre les collines du Trombolara.

La 3e colonne de Koblos est forte de 4 138 hommes avec :
- Six autres compagnies de chasseurs de Trani.
- Les bataillons de Ude : 1 107 hommes.
- Les bataillons de Bréchenville (690 hommes).
- les bataillons de Erbach (722 hommes).
- les deux bataillons de Preiss (1 152 hommes).

La colonne est à l'aile gauche pour attaquer la chapelle, sur la hauteur de San Marco.

La 4e colonne de Ocskay est forte de 2 682 hommes dont :
- un bataillon de grenadiers (811 hommes).
- un de Deutschemeister (728 hommes).
- les deux bataillons de Lattermann (1 143 hommes).

La colonne est au centre, avec pour objectif Rivoli.

La force du prince de Reuss comporte deux divisions.

La division de Quasdanowich descend le long de la rive droite de l'Adige, vers la trouée d'Incanale, pour remonter sur le plateau de Rivoli et se joindre à Koblos.

La division de Wukassowich descend sur la rive gauche vers La Chiusa avec un équipage de ponts, l'artillerie et la cavalerie.

Ces deux colonnes sont formées d'un fort parti d'infanterie avec 14 bataillons :
- les deux bataillons de grenadiers sous les ordres de Wallis (626 hommes).
- un troisième bataillon commandé, lui aussi, par Wallis (1 169 hommes).
- un bataillon de Gutenberg (674 hommes).
- un bataillon de Kinsky (398 hommes).
- les 5e et 7e bataillons de Constantin (995 +734 fantassins).
- les deux bataillons de Schröder : 733 hommes.

les renforts de la dernière chance

42 000 soldats autrichiens sont levés à la hâte. Parmi eux, on compte de nombreux riches volontaires viennois qui se faisaient remarquer par une *« jactance à la Brunswick »*, persuadés qu'ils étaient de vaincre ces 30 000 pauvres Français. Car, si l'armée d'Italie, lancée dans la marche sur Vienne, compte sur ses rôles 46 700 soldats en janvier 1797 il faut en déduire les 14 000 soldats de Sérurier, chargés de continuer le siège de Mantoue, quelques petites garnisons et la brigade de Lannes opérant dans le Bolonais.

- les deux bataillons de Deutschmeister: 1 457 hommes.

La cavalerie, pour sa part, est forte des:
- deux escadrons de uhlans (192 hommes).
- des quatre escadrons de Erdödy (436 hommes).
- des deux escadrons de dragons (335 hommes).
- des trois escadrons de Wurmser (416 hommes).
- Des deux escadrons de hussards: 397 cavaliers.

L'artillerie est composée de 22 canons servis par 223 artilleurs. La majorité de ces pièces est avec Wukassowich et Quasdanowich. La cavalerie évolue dans la vallée de l'Adige.

Cet ensemble de 8 785 hommes doit jeter un pont, aligner son artillerie, pour tirer vers la montée d'Incanale, soutenant la progression de Quasdanowich et tenter de gagner le Monte-Pipolo vers Lusignan pour renforcer l'encerclement du plateau de Rivoli.

La colonne, menée par Mitrowski avec ses 3 600 hommes, doit descendre vers Vérone.

LE 12 JANVIER 1797, LE « VOILE EST DÉCHIRÉ »

L'aube est à peine levée et, déjà, Masséna doit faire face, devant le village de San Michelle, près de Vérone, aux 6 000 hommes du corps de général

(suite page 56)

Le général Augereau – ici avec un de ses aides de camp – après avoir vaincu les Autrichiens à Anghiari, se dirige vers l'arrière-garde de Provera. Les combats ont lieu le 14 janvier 1797. *(Huile sur toile de O. Gue, musée de Versailles, Google Art Project)*

2. *« Dans cette affaire, le général Brune a eu sept balles dans ses habits, sans avoir été touché par aucune.; c'est jouer de bonheur. »* (Bonaparte à Clarke. Archives. Nat. AF III, 52 dossier 291)

Le plateau de Rivoli, un essai de topographie...

Le monument et la plaque commémorative à la mémoire des soldats français de Rivoli. Le premier monument a été détruit par les Autrichiens en 1814. Les soldats de l'armée française d'Italie, à la fin de la Première Guerre mondiale, l'ont rebâti. *(Collection particulière ; droits réservés)*

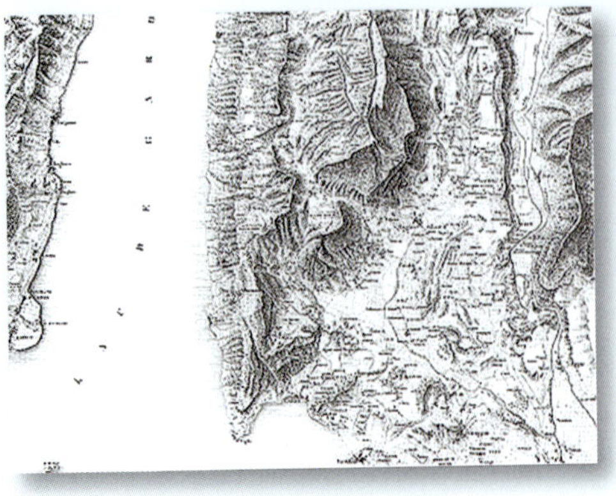

Du sommet de ce coteau, dit de Camporengo (8), l'artillerie française domine les positions de l'ennemi. Il abritait aussi la cavalerie de Leclerc et les blessés.

San-Marco – dont l'ascension ne peut se faire que de la trouée d'Incanale et depuis le hameau de Mutole (16) – montre des assises de pierre très hautes et se taille à pic vers l'Adige. Ce petit mont commande le cirque dans lequel sont semés Mutole (16), Caprino (10), Lubiara (11), San-Martino (12), La Corona (2) et quelques villages échelonnés depuis Rivoli, jusqu'au val de Dolce.

« Le plateau de Rivoli compose la rive droite de l'Adige, à 18 kilomètres de Vérone, d'un massif très long, descendant derrière les monts Brunisis (20), Moscal, Trombalora (22) et Baldo (21), au lac de Garde (23). Son premier plan dresse, devant la Sega, des falaises grises, très escarpées, dominant d'une hauteur de vingt mètres le fleuve qui, heurtant le contrefort d'une élévation, tourne brusquement vers l'est. »

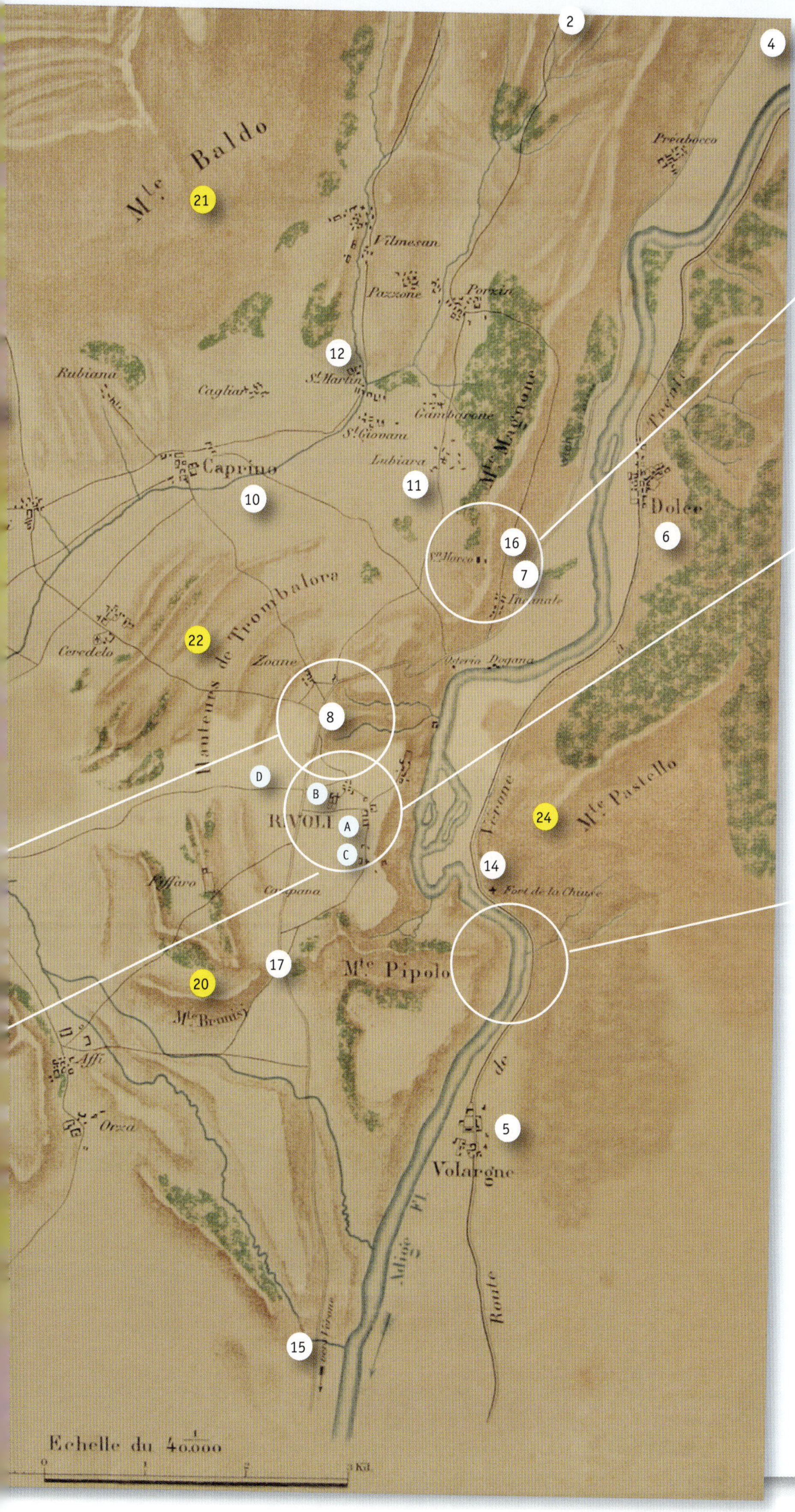

Le cercle de San-Marco (1), La Corona (2) et Montebaldo (3) qui ferme l'horizon à l'est.

Au nord et à l'ouest, la trouée de Brentino (4) permet aux troupes d'avancer sur la rive droite de l'Adige, dans le fond du cirque, hors de la vue de Rivoli.

Sur la rive gauche du fleuve, une ligne de hautes montagnes s'étend de Dolce (5) à Volargne (6). Pierre et neige alternent.

Un bourg est abrité au pied de San Marco, il est sur la voie qui s'engouffre dans le couloir étroit de del Chiusa (14).

Rivoli, un village de cinquante maisons (fermes, cabarets et cassines) se situe sur un ressaut du plateau. Le village domine deux trouées.

La première est ouverte à la droite du rocher de Monte Castello.

La seconde, à gauche, est dirigée vers Incanale (7).

Ces larges trouées facilitent la descente dans la riche vallée.

Rivoli est formé de trois parties :
- le bourg (A) ;
- l'église (B) ;
- le hameau de Camporengo (C) ;

On domine, au pied de l'église, le cirque ouvert (D) devant soi entre les arêtes de San-Marco et Montebaldo.

La dernière assise de Monte Pipolo baigne dans l'Adige, le lit y est ici large de 60 mètres.

À 300 mètres devant Rivoli, une vallée se creuse d'ouest en l'est ; au nord, une ligne brisée de 50 mètres de hauteur sur 150 m de long. Ce « dos d'âne » masque Camporengo, et court jusqu'au Monte Castello – ici orthographié Pastello – (24) et commande un vallon de 500 mètres de large, continuité de la seconde trouée.

À la Sega (15), un village, vient aboutir le val Caprino où coule un torrent large de trois mètres et peu profond. Entre les sommets de Brunisi, à gauche, et le Monte Pipolo, à droite, on trouve Campo Regio (17) et ses maisons basses.

Quelques drapeaux de demi-brigades d'infanterie de ligne à Rivoli

(Ludovic Letrun • 2018)

32e demi-brigade *Zeughaus Berlin*

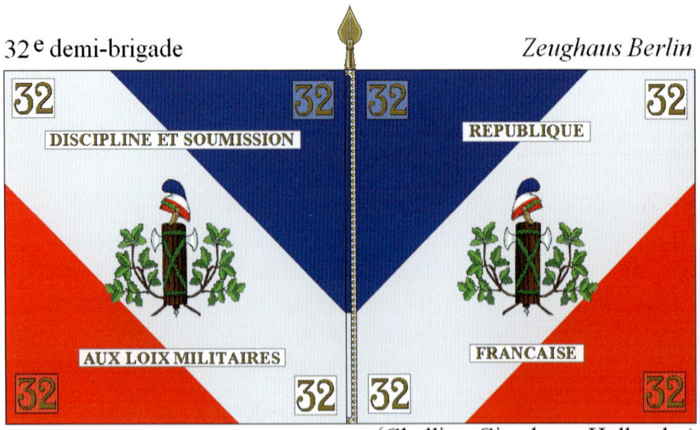

(Challiot, Giersberg, Hollander)

39e de Ligne *Zeughaus Berlin*

(Challiot, Hollander, Giersberg)

33e demi-brigade

(Challiot)

40e demi-brigade

(Challiot)

25e demi-brigade

(Challiot)

4e de Bataille

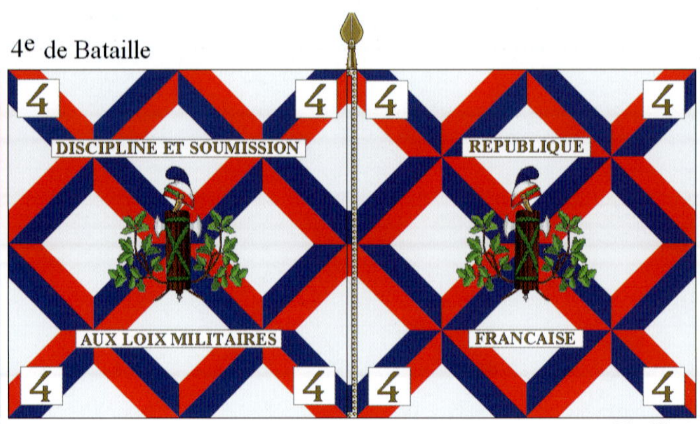

(Challiot)

51e demi-brigade

(Challiot)

75e demi-brigade *Zeughaus Berlin*

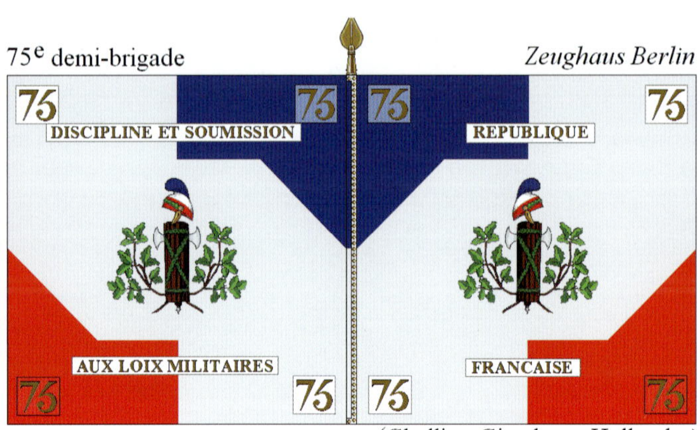

(Challiot, Giersberg, Hollander)

autrichien Bajaliz. Ce dernier est vite repoussé, laissant près de 400 morts sur le terrain et 600 prisonniers aux mains des Français.

C'est à ce moment que Joubert est attaqué à La Corona. Cette nouvelle manœuvre autrichienne, relativement obscure aux yeux des généraux français, permet, toutefois, à Bonaparte, dans un grand moment de lucidité, de saisir les intentions de son homologue autrichien. Comme toujours, évaluer les forces adverses est crucial.

De l'importance de l'avis de ses subordonnés

Bonaparte doit absolument savoir si Joubert est attaqué par des forces importantes. La position d'Augereau n'en serait que plus aisée, face à un corps isolé. Bonaparte demande donc au général Joubert de lui rapporter ses impressions :

« Je vous prie de me faire connaître, le plus tôt possible, si vous croyez que l'ennemi a devant vous plus de 9 000 hommes.

Il est très nécessaire que je sache si l'attaque que l'on vous fait est une attaque réelle, égale ou supérieure à vos forces ou si c'est une attaque secondaire pour donner le change. L'ennemi nous présente sur Vérone à peu près 6 000 hommes que je donne l'ordre d'attaquer sur le moment. (Il s'agit de l'affaire de San Michele.)

Si vous avez 9 000 ou 10 000 hommes devant vous, ce qui doit réellement être pour oser faire une attaque véritable, il s'ensuivrait qu'il n'y aurait, du côté de Legnano, que 9 000 à 10 000 hommes au plus et, si cela était et que votre attaque et celle que je fais faire ici réussissent ce soir comme il faut, je serai bien loin d'avoir à craindre qu'ils ne passent l'Adige. »

La réponse de Joubert ne lui parvient qu'en fin de journée. Elle a, toutefois, le mérite d'être claire : des forces considérables, dès 9 heures du matin, ont repoussé Joubert hors de la Corona. Si le 11 janvier, le temps neigeux a considérablement

Vue panoramique du bassin de Rivoli, le 14 janvier 1797. Les combats font rage, comme l'indiquent les nombreux nuages de fumée planant sur les reliefs *(Huile sur toile de Bagetti, musée de Versailles, Google Art Project)*

L'armée autrichienne à Rivoli

PREMIÈRE COLONNE DE LUSIGNAN
- 12 compagnies de chasseurs Gyulay-infanterie
- 1 bataillon du régiment de Lattermann
- 1 bataillon du régiment de Mitrowski
- 1 bataillon du régiment de Klebeckk

DEUXIÈME COLONNE DE LIPTAY
- 6 compagnies de chasseurs Trani
- 1 bataillon du régiment de Déorns
- 1 bataillon du régiment de Huff
- 1 bataillon du régiment de Jellachich

TROISIÈME COLONNE DE KOBLOS
- 6 compagnies de chasseurs Trani
- 1 bataillon du régiment de Ude
- 1 bataillon du régiment de Bréchenville
- 1 bataillon du régiment de Erbach
- 2 bataillons du régiment de Preiss

QUATRIÈME COLONNE DE OCSKAY
- 1 bataillon de grenadiers
- 1 bataillon du régiment de Deutschmeister
- 2 bataillons du régiment de Lattermann

CINQUIÈME COLONNE PRINCE DE REUSS

Première brigade de Wukassowich

Deuxième brigade de Quosdanovich
- 2 bataillons de grenadiers de Wallis
- 3e bataillon du même corps
- 1 bataillon du régiment de Guttenberg
- 1 bataillon du régiment de Kinsky
- 5e bataillon du régiment de Constanti
- 7e bataillon du régiment de Deutschmeister
- 2 bataillons du régiment de Schröder (733 hommes)
- 2 bataillons du régiment de Deutschmeister

CAVALERIE
- 2 escadrons de uhlans
- 4 escadrons du régiment de Erdödy
- 2 ou 3 escadrons de dragons
- 3 escadrons du régiment de Wurmser
- 2 escadrons de hussards

ARTILLERIE
- 22 pièces

Un officier d'infanterie légère, monté, en tenue de campagne, commande le feu d'un bataillon d'une demi-brigade légère. *(Dessin d'Édouard Detaille, collection privée, droits réservés)*

retardé l'avance des Autrichiens – seule la colonne du général Koblos a pu atteindre les positions françaises. Le 12 au matin, l'assaut est lancé par l'ensemble des forces d'Alvinczy. Joubert n'a d'autre solution que de se retrancher sur le plateau de Rivoli.

Son intention est de rejoindre l'armée française et Bonaparte à la faveur de la nuit.

Le 13 janvier, le général en chef français, désormais, sait ce qu'il doit faire. Joubert doit tenir coûte que coûte. Alvinczy, maître du plateau de Rivoli, pourrait installer son artillerie et déployer sa cavalerie. Fort de sa supériorité numérique, le général autrichien deviendrait maître du jeu. L'enjeu, justement, pour les Français, consiste donc, à très vite concentrer le maximum de brigades sur le plateau et bloquer Provera, trop proche de Vérone, et susceptible de dégager Mantoue.

Bonaparte attaquera le premier

Augereau, le plus près de ce second théâtre d'opérations, est envoyé protéger Vérone, tout en harcelant Provera. Ses ordres sont clairs : *« l'ennemi s'est affaibli devant vous et que vous voyiez la possibilité de l'attaquer avec quelque avantage, le général en chef vous autorise à le faire. »*

Bonaparte se charge, quant à lui, de diriger les opérations sur le champ de bataille principal. Il rassemble les forces disponibles – sans dégarnir ses lignes arrières – et se dirige vers Rivoli avec près de 21 000 fantassins, 1 500 cavaliers et 35 pièces à feu et leurs servants.

Cette fois encore, les ordres du général en chef sont limpides : à minuit, les corps français doivent être en place sur le plateau.

D'aucuns ont qualifié le plateau de Rivoli et son cirque de *« plus beau champ de bataille de l'Italie »*.

Les Autrichiens, de leur côté, ignorant que Bonaparte a anticipé leurs mouvements, pensent encore profiter de l'effet de surprise le lendemain matin.

En effet, trop confiant dans les informations données par Toli, Alvinczy est persuadé que le général français, trop occupé à jouer les proconsuls, est retenu à Milan par la mise en œuvre des fondations de la république de Bologne... Son objectif est de pouvoir passer la nuit du 14 au 15 janvier à Vérone pour pouvoir, ensuite, se porter au secours de Mantoue et coincer les divisions d'Augereau et de Sérurier entre lui et le général Provera.

Alvinczy envoie donc Lusignan en direction de Garde et Affi à l'ouest de Rivoli. Sur le plateau, le général autrichien a prévu de placer Liptay qui formera sa droite, pendant que le général Koblos, soutenu par Oskay, sera au centre ; la gauche étant tenue par les colonnes de Quasdanowitch et Wukassovich.

Pour fermer le dispositif, l'artillerie autrichienne, postée vers Chiusa, sur l'Adige, doit couper la route de Vérone.

LES COMBATS DU SAMEDI 14 JANVIER 1797

Alvinczy est donc à la tête de 25 220 soldats qu'il lance contre les 9 700 hommes de la division Joubert. Lusignan, à la tête de la première colonne forte de 4 556 hommes, passe derrière Montebaldo et descend le val Caprino afin de se rabattre sur Monte Pipolo, empêchant, ainsi, les Français de prendre, quand ils retraiteront, le chemin de la Sega.

Les colonnes de Liptay, Koblos et Ocskay (numérotées deux, trois et quatre) s'ébranlent à leur tour. Liptay passe par Montebaldo, remplaçant Lusignan dans la direction du lac de Garde. En face de lui, maintenant, il trouve la gauche de Joubert.

Koblos, dans le cirque, dirige sa colonne (4 138 hommes) sur la chapelle San-Marco dont il va s'emparer. Il doit faire la jonction, près d'Incanale, avec la cinquième colonne du Prince de Reuss qui constitue la réserve autrichienne.

Le centre du dispositif est sous les ordres d'Ocskay. Ses 2 682 hommes avancent droit sur Rivoli. Toutes ces troupes en mouvement sont uniquement composées de fantassins.

La réserve, ou cinquième colonne, commandée par le prince de Reuss, progresse sur les deux rives de l'Adige. Les 14 escadrons de cavalerie, les 22 pièces d'artillerie et les 11 bataillons d'infanterie précèdent les pontons et les équipages du génie autrichien.

Wukassowich, à la tête de la première brigade, occupe la rive gauche du fleuve et bloque la grande route de Trente à Vérone. Il doit se placer devant la Chiusa pour canonner les Français et construire un pont devant Monte Pipolo, assurant ainsi la jonction avec la première colonne de Lusignan.

Quasdanowich, à la tête de la deuxième brigade, doit sécuriser la presqu'île d'Incanale afin, dès l'aube, de remonter vers Rivoli – par la deuxième trouée – au moment ou Koblos se sera emparé de la chapelle San-Marco.

Bonaparte quitte Vérone à 11 heures du soir. À la tête de ses guides, avec Berthier et l'état-major, il perd un temps précieux à passer tous les points de contrôle établis par les Français sur la route vers Rivoli.

Le général en chef ou l'impromptu de Rivoli

Il laisse dans Vérone la 18e demi-brigade légère, le 5e régiment de dragons et quelques pièces de 4.

Ci-dessous.
La bataille de Rivoli. Le combat fait rage sur le plateau. À droite, un artilleur autrichien, perché sur une petite butte, se bat avec l'énergie du désespoir. À gauche, les grenadiers français évacuent un de leurs officiers blessé. Au centre, la mêlée est indescriptible. *(Gravure d'époque, collection particulière, droits réservés)*

Masséna marche avec le général en chef. Sa division comprend alors les 32e et 75e demi-brigades de ligne au grand complet ainsi que deux bataillons de la 25e de ligne, ses guides, le 1er régiment de cavalerie et le 22e régiment de chasseurs à cheval commandés par Leclerc, Lasalle et Legendre, les guides et les dragons d'escorte de l'artillerie.

Cette dernière aligne deux pièces de 12, une de 5 et deux pièces de 3.

Deux bataillons de la 18e demi-brigade rejoindront vers midi, du côté de Garde. Bonaparte donne, aussi, l'ordre à Rey de marcher vers lui avec la 58e demi-brigade, le 8e dragons et 15 canons qui sont à Desenzano. Murat, en garnison encore plus loin, doit, lui aussi, faire route. Toutes ces unités arriveront assez tard dans l'après-midi, vers 15 heures.

Joubert, dès la réception du message de Bonaparte, retourne immédiatement, à marche forcée, vers Rivoli dont il s'éloignait depuis peu. Son demi-tour exécuté, il réoccupe la plus grande partie du plateau. L'ennemi, pas un instant, n'a soupçonné que les Français s'étaient, pendant quelques heures, dérobés.

Bonaparte arrive à deux heures du matin auprès de Joubert dont le quartier général est installé dans l'église de Rivoli. L'arrivée du général en chef remonte le moral des officiers présents sur le plateau.

À trois heures de la nuit, Bonaparte, mis au courant de la situation, sort pour voir les feux des bivouacs ennemis et en profite pour réconforter ses soldats positionnés derrière le coteau de Camporengo.

« Il s'arrêtait aussi devant les bivouacs, où l'on brûlait des troncs de châtaigniers coupés verts et des ceps de vignes arrachés du sol durci, car la neige recouvrait une partie du terrain et l'âpre bise cinglait les visages et les bleuissait. Le grand capitaine apportait aux vaincus du 13 janvier l'espérance d'une victoire prochaine. »

La nuit, tout à coup, devient limpide et les deux généraux français – la vue sur les cinq bivouacs

Page précédente en haut. L'état-major de Bonaparte est sans cesse en mouvement. Le général en chef, pour anticiper, doit observer, comprendre et se porter au plus près possible des combats. *(Dessin d'Édouard Detaille, collection privée, droits réservés)*

Page précédente en bas. Une demi-brigade, disposée en carré subit l'assaut des nombreux bataillons autrichiens. *(Gravure anonyme XIXe siècle, collection privée, droits réservés)*

Progressant en tirailleurs, difficulté du terrain oblige, les grenadiers d'une demi-brigade de ligne se portent en avant, faisant feu sur les lignes ennemies. *(Gravure anonyme, collection privée, droits réservés)*

Sabre *Prima plana* et son fourreau en cuir, de sous-officier d'infanterie autrichien de la fin du XVIIIe siècle. Le couvre-chappe de la garde porte, gravé, le monogramme « LII » pour Leopold II. Cette arme date probablement des années 1790 ou 1792. l'arme est longue de 76 cm. *(Photo Hermann Historica, droits réservés)*

Sabre de sous-officier de hussards autrichiens, fin du XVIIIe siècle. Les garnitures de la poignée et de la garde sont, ici , en laiton et non plus en fer comme sur le modèle présenté à gauche. La lame est plus courte, quant à elle, de 5 cm; le sabre ne mesure donc plus que 96 cm de long *(Photo Hermann Historica, droits réservés)*

Sabre et son fourreau, en fer à garnitures de cuir, de hussards autrichiens modèle 1768. Long de 101,5 cm, ce sabre est encore en usage dans certains escadrons de la cavalerie légère autrichienne pendant la campagne d'ïtalie. *(Photo Hermann Historica, droits réservés)*

Les généraux français de la bataille

Il est nécessaire de citer tous ceux qui se sont distingués dans cette bataille capitale de Rivoli... À commencer par **Masséna** qui sera nommé Duc de Rivoli, quelques années plus tard, après sa distinction de maréchal et son titre de prince d'Eckmuhl.

staing, chef de la 4e légère – déjà blessé à La Corona, puis à Rivoli – est nommé général sur le champ de bataille des Pyramides. Blessé trois fois à Canope, il devient général de division en 1801. Il est tué en duel par Reynier, à Paris, en 1802.

Sandos, fait général en 1795, il meurt des suites de ses blessures reçues à Rivoli.

Vial, fait général en 1796, il commande, à San Marco, l'infanterie légère de Joubert. Il est en Égypte. Nommé général de division en 1803, il est commandant de la Légion d'Honneur (CTLH) en 1804, puis fait baron. Il est tué à Leipzig.

Joubert meurt le 15 août 1799 à Novi, à la tête de ses grenadiers

Lasalle *« modèle des hussards »* à qui Napoléon dit, à Rivoli, alors qu'il ramenait des drapeaux conquis: *« Couche-toi dessus, tu l'as bien mérité »*. Il a dit aussi: *« C'est Masséna, Joubert, Lasalle et moi qui avons gagné la bataille de Rivoli*. Lasalle est célèbre pour sa phrase *« Tout hussard qui n'est pas mort à 30 ans est un jean-foutre »*. Le hussard a écrit dans une lettre à sa femme ; *« Je t'aime comme la fumée du tabac et le désordre de la guerre »*, quelques heures avant de mourir dans une dernière charge à Wagram, en 1809.

Brune est avec Vial à San Marco. Il est fait maréchal en 1804. Brune est assassiné sauvagement à Avignon avant d'être jeté dans le Rhône, le 2 août 1815.

Rampon, général en 1796, il commande la 2e brigade de Masséna à Rivoli (18e et 32e). Il est aussi à La Favorite. Rampon est en Égypte avec Kléber. Sabre d'honneur en 1802, grand officier de la Légion d'Honneur en 1804, couronne de fer et sénateur en 1806, pair en 1815. Rayé des cadres, il est renommé général en 1819.

Monnier. Il est nommé général en 1796. Il est avec Masséna à Rivoli, au passage du Tagliamento. À Gradisca, il est avec Joubert, comme chef de la 10e brigade (33e et 85e) à Ancône, Rome et Naples. Nommé général de division en 1800, il se bat à Marengo. Réformé pour hostilité à Bonaparte en 1802, il est retraité en 1811. Ce pair de France, en août 1815, vote la mort de Ney. Il décède en 1816.

Lebley. Il se bat en Amérique de 1780 à 1783. Lebley est chargé par la Convention de ramener 10000 hommes de l'armée des Côtes de Cherbourg en Italie. En décembre 1796, il est à la division Joubert. Blessé à Rivoli, il commande ensuite la garnison de la citadelle de Mantoue sous les ordres de Miollis. Officier de la Légion d'Honneur (OLH) en 1804, il est retraité en 1813.

Boyer. Ce volontaire de la Côte d'Or devient chef de la 4e demi-brigade avant de prendre le poste de chef d'état-major d'Augereau, puis de Kilmaine. Il est en Égypte et devient général en 1801. Envoyé à Saint-Domingue en 1802, il est pris en 1803 puis rentre en France. Il se bat en Espagne et au Portugal. Ce baron, depuis 1812, est avec Oudinot en 1814 puis avec Ney à Laon et Arcis-sur-Aube. Il sert en 1815. Proscrit, il passe au service du pacha d'Égypte, de 1824 à 1826. Il est en Afrique en 1830. grand officier de la Légion d'Honneur en 1831, il est retraité en 1848.

Partouneaux est avec Rey à Rivoli. Il prend part au blocus de Venise avant d'aller se battre à Naples. Fait général en 1799, il passe divisionnaire en 1803. Il est sous Victor en Russie. Capturé à la Bérézina avec sa division, il est désavoué. Grand croix de la Légion d'Honneur (GDCXLH) en 1823, retraité en 1832.

René. Ce capitaine de la 18e demi-brigade fait 1800 prisonniers autrichiens à Rivoli et obtient un sabre d'honneur. Il est en Égypte et devient général en 1801. Commandant de la Légion d'Honneur en 1804. Il est brûlé vif dans de l'huile bouillante par des guérillas en Espagne, le 29 juin 1808.

---

autrichiens étant maintenant bien dégagée – estiment que *« l'attaque n'aura pas lieu avant 10 heures du matin »*.

C'est devant ce spectacle qu'il prend la décision de tenter « un coup d'audace » en attaquant, le premier, les avant-postes autrichiens.

L'action des Français

À quatre heures du matin, après une rapide prise d'armes, les bataillons français attaquent les avant-postes autrichiens dont ils s'emparent, réveillant les hommes d'Alvinczy qui pensaient pouvoir profiter d'une bonne nuit de repos avant la bataille.

Monnier doit venir de Bussolengo avec le 3e bataillon de la 18e demi-brigade et deux pièces d'artillerie légère. Il se dirige vers le Monte-Pipolo et l'aile gauche de Joubert où il déploie ses canons devant Rivoli.

Les cavaliers de Leclerc et de Lasalle le soutiennent, formant un centre solide avec la 33e. Cette nouvelle disposition permet le ralliement des hommes qui se sont repliés. Le général en chef français décide d'attaquer, tout d'abord, la gauche ennemie pour reprendre la hauteur capitale de San Marco et sa chapelle.

Bonaparte a donné les ordres nécessaires à la reconquête des pentes du Mont Magnonne que les Croates du général Oskay ont capturées. Après avoir fait prisonniers les dix Croates installés dans la chapelle, la 4e et la 17e légère de Vial résistent à six attaques des soldats de Koblos. Après des pertes énormes du côté autrichien, les Français, à nouveau, évacuent l'éperon rocheux où se trouve la chapelle.

Pendant ce temps, dans la lueur naissante de l'aube, l'objectif de la division Masséna est maintenant visible. Ce dernier, à pied, après avoir harangué ses grenadiers, se met en marche à la tête d'un bataillon de la 32e demi-brigade, soutenu par deux bataillons de la 75e.

Ce sera une affaire d'artilleurs

Joubert et la 33e demi-brigade de ligne s'opposent à Ocskay, soulageant, ainsi, le général Vial.

À l'aile droite, derrière Vial et Brune, la 39e demi-brigade, quant à elle, s'aligne devant l'Osteria de la Dogana (l'auberge de la douane). Elle doit supporter le choc des troupes de Quasdanowich. Le Blay, sur la ligne du Trombolara, est chargé de

(suite page 66)

Un autre épisode de la bataille de Rivoli se joue sous les yeux de l'artiste. Mis en pièces, à gauche, par les dragons, les uhlans autrichiens quittent le champ de bataille, sous les tirs de l'infanterie française. Les demi-brigades de ligne, venant de la gauche, empêchent les Autrichiens, coincés dans une cuvette, dos à la muraille rocheuse, de ressortir… *(Gravure du XIXe siècle, collection particulière, droits réservés)*

(suite de la page 63)
diriger, à la gauche du front français, la 29e légère et la 85e de bataille, contre les tirailleurs de Lipta qu'il repousse. Il occupe les hauteurs, mais refuse d'aller plus loin, laissant Lusignan tourner les positions françaises. La 18e de bataille, à Garde, ne voit pas, non plus, le mouvement des Autrichiens.

À huit heures du matin, la 14e de ligne est massée devant Rovina, contrôlant les accès par Lubiara. L'artillerie prend position devant Camporengo et la cavalerie, constituée du 1er de cavalerie et du 22e régiments de chasseurs, est prête à intervenir depuis, déjà, près de trois heures.

Les Autrichiens, étonnés de voir un ennemi défait la veille, s'opposer à plus fort que lui, ne soupçonnent pas la présence de Bonaparte et de ses troupes de renfort. Les régiments autrichiens sont maintenant tous prêts à en découdre.

Alvinczy pousse ses assauts et Liptay progresse, repoussant la 29e légère, très maltraitée, qui lâche pied, en découvrant le flanc gauche de la 85e qui recule à son tour, isolant la 14e demi-brigade de bataille mise dans l'obligation de se disposer en carré. L'ennemi est arrêté.

Koblos charge la droite française devant San-Marco et reprend, comme nous l'avons vu, la chapelle. Ses 4 000 hommes – dont les chasseurs de Trani occupent la tête de colonne – débordent les 1 450 soldats de Vial.

Pendant près d'une heure, les Français résistent héroïquement dans les vignes, entre les rochers, derrière les granges…

la 39e demi-brigade occupe le bâtiment de l'auberge avec les grenadiers de la 4e demi-brigade légère. Ils défendent la montée venant d'Incanale où Quasdanowich s'est engagé en colonne serrée, aidé par les canons de Wukassowich alignés sur la rive gauche de l'Adige.

À neuf heures et demie du matin, Alvinczy est persuadé que Lusignan est en train d'arrêter Masséna et que Wukassowich se presse de le rejoindre après avoir franchi l'Adige sur les pontons dont dispose sa brigade. Pour le général autrichien, Liptay, Ocskay, Koblos et Quosdanovich sont en train d'écraser les derniers régiments de Joubert. Malheureusement pour lui, ni Lusignan, ni Wukassowich ne sont là où ils sont espérés. *« Les difficultés matérielles, ou le hasard, règlent ainsi souvent le sort des batailles. Quand Alvinczy se croyait vainqueur, Bonaparte le voyait déjà écrasé. Et Bonaparte, étant le maître entre les deux tacticiens, il devait battre son adversaire, presque facilement. »*

L'artillerie de Masséna, précédant son infanterie, complète de cinq pièces les deux batteries de Joubert renforcées par cinq canons apportés par Masséna, couvrent l'éperon de Camporengo et mitraillent les colonnes autrichiennes qui s'arrêtent puis finissent par refluer à l'abri d'un bois vers San Marco.

Il est dix heures, déjà, la victoire semble avoir choisi son camp et les habitants du val de Policella ne l'ont pas discerné, trop occupés à railler les Français qui reculaient... Bonaparte les punira plus tard.

Le plan d'Alvinczy est très vite contré

La 32e demi-brigade s'est postée depuis quelques minutes, à gauche du village de Rivoli. La 75e se dispose en échelons à l'arrière.

Les troupes de Masséna, renfort désigné de Joubert après quelques minutes de repos se précipitent dans l'arène. Le plan d'Alvinczy est déjà contré. Bonaparte, qui semblait battu à dix heures du matin, a su réagir. Manifestement, à 10 h 30, Alvinczy , maintenant sous la pression des Français, n'en est pas capable.

À ce moment de la bataille, l'Autrichien, tout à sa joie, croit qu'il va remporter le combat et avance, satisfait.

Le réveil sera douloureusement amer...

Ce réveil s'appelle Masséna avec ses deux demi-brigades d'élite – la 32e, la 75e – et cinq pièces de campagne.

Il est 10 heures du matin et Masséna envoie ses cinq pièces renforcer les batteries de Camporengo. La 32e demi-brigade monte à l'assaut entonnant le « chant du départ » à gorge déployée. Le grenadier Aune, l'un des fantassins de la phalange, passant devant Bonaparte, lui lance : *« Tu aimes la Gloire, on va t'en donner »*. La 32e demi-brigade attaque les hommes de Liptay et stoppe leur avance.

Deux bataillons de la 75e les suivent, l'arme au bras, et les appuient dans ce terrible combat où les Autrichiens résistent. Des cavaliers jouent les pourvoyeurs, apportant des cartouches aux fantassins de Masséna, démunis.

La marche en avant des Français n'est pas chose aisée au milieu des ronciers, de la neige et des rochers... Les 29e et 85e demi-brigades se rallient quelques minutes plus tard. Ces régiments, associés à la terrible 32e, forment une division

Des grenadiers d'une demi-brigade de ligne, à l'orée d'un bois, harassés, remontent à l'assaut, baïonnette au canon. Peut-être, les hommes de la 14e demi-brigade partant au secours de leur artillerie. *(Dessin d'Édouard Detaille, collection privée, droits réservés)*

imposante. Masséna les dispose, surveillant Ocskay, occupé à attaquer vigoureusement le flanc droit de la 14e demi-brigade, très isolée.

« Laisserez-vous emporter vos pièces ? »

Berthier, qui s'est réfugié dans le carré formé par la 14e, rappelle la 33e, trop éloignée au centre du dispositif. Les deux demi-brigades retraitent par échelon vers l'artillerie française qui les protège. C'est l'occasion de vivre un nouvel exploit mené par le chef de bataillon Renard. Berthier lui ayant ordonné d'empêcher l'invasion de la trouée du ravin d'Incanale, celui se poste à l'entrée du ravin, rejoint par quatre pièces à feu envoyées par Berthier.

L'ennemi massacre bien vite les servants et les fantassins croates *« rivent des prolonges aux canons, qu'ils vont emmener »*. Le capitaine Sauget rameute, au cri de *« Quatorzième, laisserez-vous emporter vos pièces ? »*, 50 grenadiers du 3e bataillon. Les volontaires se jettent sur les Croates, les exterminent et remportent les canons

Ci-contre.
Le général Joubert, fusil à la main, à la tête de ses grenadiers, se lance à l'assaut des troupes autrichiennes et reprend le plateau de Rivoli à l'ennemi.
(Huile sur Toile, de Dehay, Musée de Versailles, Google Art Project)

dans les rangs français. La deuxième trouée est maintenant occupée par Quosdanovich chassant la 39e demi-brigade du plateau. Cette opération lui permet de déployer, au-dessus de la première trouée, ses grenadiers et son artillerie, repoussant les fantassins français fatigués et effrayés.

Berthier, abrité dans le cimetière, lance le 22e régiment de chasseurs à cheval sur l'assaillant. Joubert, vivante incarnation de Mars, un fusil à la main, entraîne ses soldats dans le flanc gauche de la cinquième colonne autrichienne commandée par le prince de Reuss. La 33e résiste, aux côtés de la 14e, aux assauts autrichiens. Les 15 canons des batteries françaises donnent au maximum, protégeant le centre de leur mieux. Les Autrichiens, tout à coup, s'arrêtent, sous le feu de la batterie française.

La cavalerie de Bonaparte piétine les fantassins autrichiens, répandant la terreur. Malgré le génie du général en chef, l'instant est critique et l'ensemble de la ligne française se replie à l'abri de l'artillerie. C'est à ce moment de la bataille que Koblos repousse Vial, qui sort de l'abri du bois de Mutole. Il dispose la 17e légère en carré et revient vers Rivoli. La 4e demi-brigade légère se retire aussi, bientôt suivie de la 33e. La 14e, qui vient d'arriver à la pointe de San-Marco, demeure la dernière face aux 6 000 Autrichiens qui montent à l'assaut.

Leclerc et Lasalle en feront leur affaire

À droite, le général Vial, débordé, se replie avec la 17e légère, qui recule en carré, la 4e légère et la 33e demi-brigade. Seule, la 14e demi-brigade de Renard va tenir devant San Marco, au centre. Quasdanowich, qui s'est emparé de l'Osteria de la Dogana, refoule la 39e demi-brigade au bord du plateau.

Leclerc et Lasalle entrent en lice à cet instant crucial de la bataille. Lasalle, déchaîné, charge Quasdanowich vers la montée d'Incanale. Les Autrichiens sont vite bousculés, sabrés, écrasés... Ils reculent, refluant sur les suivants, créant une belle panique tout le long de la montée d'Incanale.

La charge prend totalement au dépourvu les régiments autrichiens, « sabrés dans leurs flancs » Les chasseurs de Truni, les grenadiers d'Ude et de Lattermann, tombent sous les lattes du 1er de cavalerie. Les bataillons allemands, hongrois, fuient, traversent les ravins, abandonnant leurs blessés. À midi, exténués, ébranlés, ils sont de retour sur leur position de départ...

Pourtant, plusieurs salves tirées au-delà de Rivoli indiquent que Lusignan vient d'achever son mouvement de revers. Malheureusement pour les fantassins autrichiens, ce mouvement arrive trop tard...

Quatre pièces mises en batterie devant la trouée martèlent les fuyards de Quasdanowich qui retraitent en désordre. Un témoin autrichien décrit la panique qui s'empare des troupes de Alvinczy : *« Ni les supplications d'Alvinczy, ni l'exécution sur place d'un soldat refusant d'obéir, ni les promesses d'argent et de médailles, ni l'exemple de l'état-major soutenant un moment la charge des chasseurs, ne purent arrêter le torrent des fuyards »*.

Vers Incanale, un bataillon du régiment Deutschmeister est pris alors que Wukassowich

Le 14 janvier, Augereau, bien loin du plateau de Rivoli, attaque la colonne du général autrichien Provera devant Mantoue.
(Huile sur Toile, Musée de Versailles, Google Art Project)

qui, depuis le hameau de Cerano, tiraient ses boulets de 9 sur le flanc droit de la 39e, est obligé de replier ses pontons et de retraiter avant d'être capturé. Il abandonne son pont inachevé.

C'est bientôt la fin...

Les autres régiments jettent leurs fusils, et dépassent Incanale.

Il reste le centre du plateau contre lequel toute l'artillerie française dirige, maintenant, ses salves.

La cavalerie, à nouveau lancée, va achever l'action. Leclerc, Lasalle et Legendre sont encore à la manœuvre.

La fuite de Quasdanowich a libéré la 39e demi-brigade et quatre pièces d'artillerie qui, regroupées, vont tirer sur les Autrichiens du centre en repli. Ces troupes sont menées par le chef de bataillon Renard et le capitaine Sauget. Berthier est responsable du centre.

Liptay tient toujours tête, derrière les hauteurs de Trombalora. Ocskay et Koblos, dépassant San-Marco, se jettent à nouveau sur Vial.

Masséna, pour sa part, vient de rassembler ses 32e et 75e demi-brigades. Avec la 29e légère et la 85e de ligne qu'il vient de rallier, il refoule Liptay et Ocskay jusqu'au pied du Monte-Baldo, où ils résistent vaillamment. L'aile gauche autrichienne a quitté le village de San Marco, malmenée qu'elle est par le général Vial. Les Autrichiens se dirigent vers Lubiara.

La 33e demi-brigade, accompagnée de la 14e, participe à cette avance. Une fois encore, l'intervention de la cavalerie française est décisive. Le 1er régiment de cavalerie et 30 chasseurs d'escorte toujours conduits par Leclerc, Lasalle et Legendre, passent entre les 4e et 17e demi-brigades légères, chargent « en fourrageurs ». Chez les Autrichiens, décimés par les canons et sabrés, c'est bientôt le sauve-qui-peut vers Liubara et La Corona. Certains fantassins, dans la précipitation, descendent vers l'Adige par un escalier de 200 marches qui partent du monastère de la Madona.

Bonaparte fait alors venir en renfort deux bataillons de la 18e demi-brigade depuis Garde.

À la fin de l'après-midi, le soleil n'est pas encore couché, et c'est la déroute, puis la poursuite.

Les mésaventures de la première colonne

Seul Lusignan reste debout.

Revenons au mouvement de Lusignan. Parti de son campement de Lubiara, tôt dans la matinée, il emprunte une vallée étroite, hors de vue des observateurs français, passe devant Costermano, Valdonighi, longe le Monte-Mostal, franchit le Tasso, oblique à gauche et s'empare de Calcina avant de mettre en fuite un convoi d'artillerie et de munitionnaires français.

Bonaparte est obligé d'attendre le général Rey, qui a pris du retard en venant de Desenzano. Celui-ci, toujours à la tête des 2 800 hommes de la 58e demi-brigade et du 8e dragons, avec Murat en avant-garde, part affronter Lusignan devant le Monte-Pipolo.

Le général Rey marche tout d'abord sur Campo-Regio, puis Baraguay-d'Hilliers est envoyé à Monte-Brunisi. La 58e demi-brigade, sous les ordres de Boyer, Flavigny et Partouneaux, parvient au sud de Monte-Pipolo. Masséna et sa division, au nord, attaquent Lusignan.

À ce moment de la bataille, les quatre corps des généraux Liptay, Ocskay, Koblos et de Reuss sont repoussés et les Français occupent le grand cirque de Lubiara, la vallée de l'Adige, au-dessous de Incanale. *« Ce sont des prisonniers pour nous ! »*

crient les soldats victorieux. Louis Bonaparte, rassemble difficilement les conducteurs du convoi dispersé par Lusignan. Ce dernier est retardé par le combat que lui livre, sur son arrière-garde, la 18e demi-brigade qui, marchant au canon sur Rivoli, déboule sur les arrières de l'Autrichien.

Le bataillon Klebeckk perd 25 hommes, dont 2 officiers, et abandonne 38 prisonniers. La 18e demi-brigade s'éloigne, laissant Monte-Pipolo sans défenseur.

Lusignan garnit alors les hauteurs, donne le signal qu'Alvinczy doit attendre et cherche où débouchera Wukassowich, quand la division Rey, chargée de garder les environs de La Sega, s'attarde à Castelnuovo.

Joubert, Vial et Lasalle achèvent de repousser les Autrichiens vers Montebaldo. Deux bataillons de la 32e, la 29e demi-brigade légère et la 85e de bataille attendent de pied ferme la droite autrichienne, baïonnettes en avant. Masséna, empruntant la route de Vérone, entame la dernière action de la journée. Trois bataillons de ses demi-brigades – les 18e, 32e et 75e – organisés en autant de colonnes d'attaque, commandés, respectivement, par Monnier, Rampon et Brune taillent en pièces les bataillons de Lattermann et de Klebeckk qui tentent de s'extraire du champ de bataille. Quatre pièces de 12, placées près de Campano, les appuient.

Louis Bonaparte, enfin, s'est rallié à Rey à Castelnuovo. Cette colonne française va attaquer Lusignan et le repousser encore. Quelques compagnies encore intactes des régiments Gyulay et de Mitrowski s'engagent le long du Tasso.

Rey et ses demi-brigades les chargent au chant du *« Ça ira ! »*, puis du *« On va leur percer le flanc »*.

Selon les témoins de la scène, les Autrichiens, dos à la paroi, résistent plus d'une heure ; le sang coule à flots.

Par une coupure, le bataillon de Mitrowski peut s'échapper.

Le chef d'escadron Lasalle lors de la bataille de Rivoli mène la charge à la tête des chasseurs à cheval du 22e régiment contre les lignes d'Oskay et Koblos. La moisson de drapeaux autrichiens sera riche… *(Dessin de Victor Huen, collection particulière, droits réservés)*

Ci-dessus.
Les trois grands moments de la bataille de Rivoli *(Carte du XIXe siècle, collection particulière, droits réservés)*

Malheureusement pour les fantassins autrichiens, le bataillon déboule sur le capitaine René et 50 hommes de la 18e demi-brigade. René les fait instantanément prisonniers.

Il est cinq heures du soir et la nuit tombe.

Lusignan réussit à s'échapper vers le lac de Garde, protégé par quelques officiers. Le général autrichien abandonne sa division aux mains des Français et part se cacher dans les cavernes de Montebaldo.

À l'heure du bilan

Le soir du 14 janvier, Alvinczy a perdu plus de 1 250 tués, 2 126 blessés et 7 000 soldats de l'empereur sont faits prisonniers ou disparus. Les drapeaux des bataillons Mitrowski et Deutschmeister ainsi que cinq canons sont pris.

Les pertes des Français sont tout aussi importantes : 2 180 Français morts ou blessés reposent sur le champ de bataille. Pour la 33e

Un cavalier du 1er régiment de hussards sabre une colonne de fantassins autrichiens. Le « ci-devant Bercheny », plus ancien régiment de cavalerie légère de l'armée française, ne participe pas à la bataille, même s'il est impliqué dans les combats périphériques. *(Dessin au pastel, collection particulière, droits réservés)*

Infatigables, les chasseurs à cheval du 22e régiment, toujours, enfoncent les lignes des fantassins de la première colonne de Lusignan dans l'après-midi du 14 janvier 1797. *(Dessin d'Édouard Detaille, collection particulière, droits réservés)*

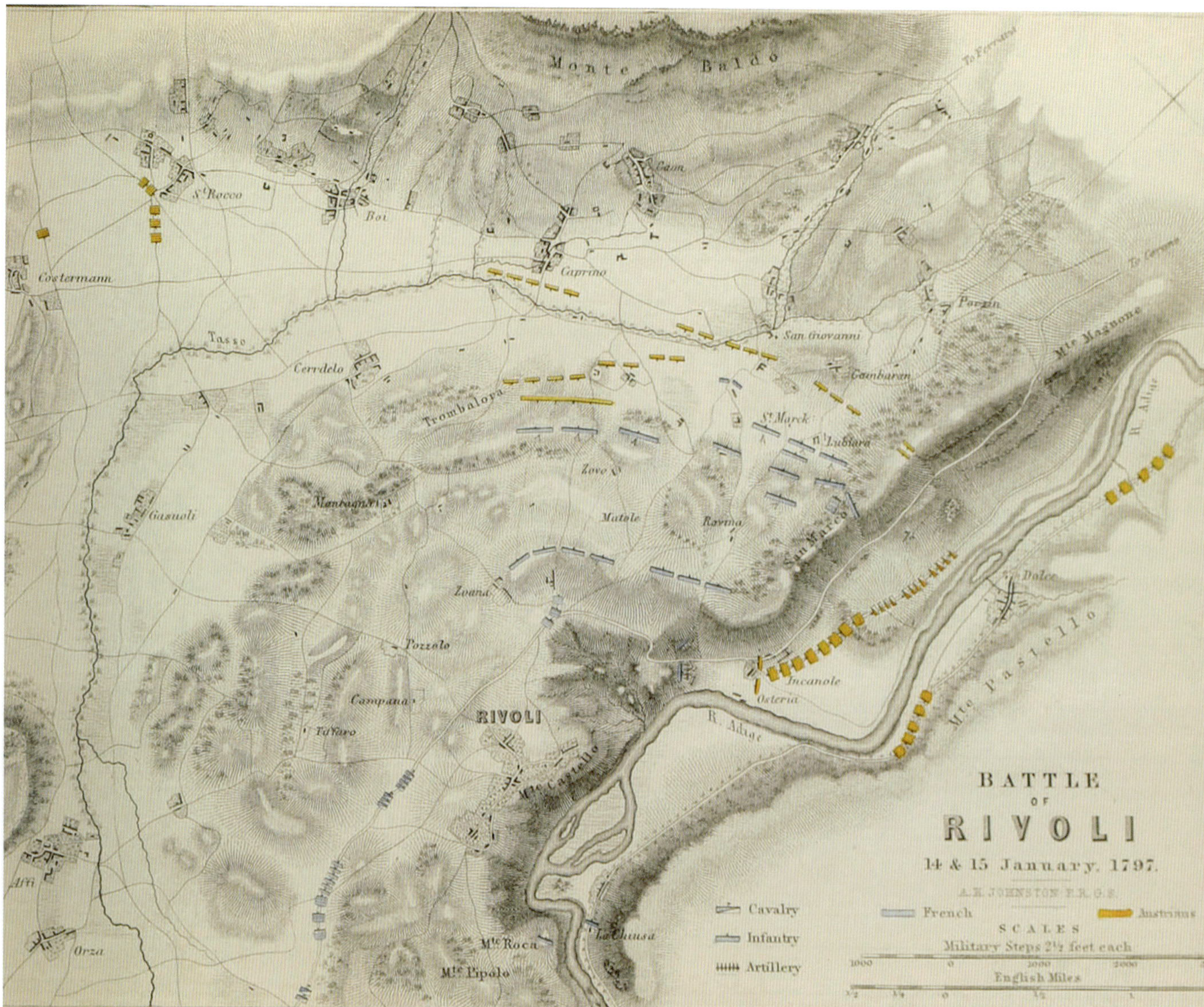

Ci-dessus.
La phase finale de la bataille de Rivoli sur une carte réalisée pour un ouvrage britannique du XIXe siècle.
(Gravure anonyme, collection particulière, droits réservés)

Page suivante, en haut.
Cavalier du 22e régiment de chasseurs à cheval en 1797.
(Gravure de E. Detaille, colorisation manuelle, collection particulière, droits réservés)

Page suivante, en bas.
À la fin de la journée, sur le plateau de Rivoli.
« Couche-toi dessus, Lasalle, tu l'as bien mérité ».
Le général en chef s'adresse à Lasalle qui vient de déposer à ses pieds les drapeaux conquis.
(Gravure de A. Marchand, 1899, collection particulière, droits réservés)

demi-brigade, par exemple, on dénombre quatre officiers tués, 19 blessés et huit prisonniers, 25 sous-officiers et hommes du rang ont trouvé la mort et 291 autres fantassins sont blessés. 84 Français sont faits prisonniers.

Le général Bonaparte peut enfin rassembler ses généraux dans la maison Cari et distribuer éloges et reproches. Rey, arrivé vers neuf heures, est la principale victime de ces remontrances : il n'a pas marché au canon assez vite.

En effet, si l'on retrace le parcours de ce général, on constate que manquant d'initiative, Rey, à la tête d'une une force de 4 000 hommes, selon les ordres de Berthier, quitte son campement de Desenzano – à l'extrémité sud du lac de Garde – pour s'établir près de Valeggio et surveiller les rives du Mincio. Le 14 janvier, indécis, il retarde son départ de quatre heures, *« parce que divers rapports que j'avais reçus,* écrit-il, *sur les mouvements de l'ennemi, m'annonçaient que mon avant-garde, commandée par Murat, devait être attaquée par une force supérieure à la nôtre. À huit heures du matin, le courrier que j'avais envoyé à Salo m'apprend que l'ennemi s'est présenté en petit nombre, qu'il a été repoussé vigoureusement. Alors, je fais battre la générale et je me mets en marche ».*

Utilisé pendant toute la journée pour faire nombre auprès de Sérurier, devant Roverbella, ou manœuvrer à Castelnuovo pour arrêter Bajalich et Provera, avant de retourner vers Rivoli, il perd un temps précieux à chaque manœuvre. Enfin, à Castelnuovo, il permet à ses soldats exténués de se reposer, envoyant Partouneaux et les dragons d'escorte du 8e régiment à la recherche des Autrichiens. Son arrivée tardive auprès du gros de l'armée s'explique par cette série d'ordres et de contre-ordres auxquels il n'a pas su répondre avec intelligence et sens tactique.

À l'issue de cette réunion d'état-major, Joubert reçoit de nouvelles instructions et, malheureusement, un courrier de Guieu annonce le succès de Provera qui réussit à passer entre les régiments de Augereau.

C'est à la suite de cette bataille que le général Masséna sera surnommé « l'Enfant chéri de la victoire » après avoir parcouru pas moins de 148 km en deux jours avec ses hommes.

La victoire fondatrice

Même si la victoire est d'importance, tout n'est pas fini...

la bataille de Rivoli est le moment décisif de la campagne. Cette victoire permet, avec celle de la Favorite, quelques jours plus tard, de repousser Alvinczy , d'éliminer Provera, et d'obliger Wurmser à capituler à Mantoue. Les renforts arrivés d'Allemagne et de l'ouest ont procuré à Bonaparte les effectifs suffisants pour entamer sa marche sur Vienne où il va pouvoir, enfin, négocier et obtenir la paix. Le bilan est plus que positif: les Autrichiens ont perdu beaucoup de troupes et sont affaiblis; la République Cisalpine est devenue une alliée solide, même si des soulèvements sont toujours possibles et, avec la laïcisation en cours, les états du Pape ne sont plus une menace.

Le Directoire a montré ses faiblesses et n'a pu imposer sa doctrine laïque par la force, Bonaparte s'en souviendra au moment où il pourra s'emparer du pouvoir. Moreau et Bernadotte, ses principaux, rivaux, sont écartés.

La victoire de Rivoli est bien au commencement des prodiges stratégiques et tactiques que seront les premières grandes batailles de l'Empire. Toute la grandeur et toute la force des premières années de l'Empire sont ici contenues: un homme remarquablement doué, grand organisateur et travailleur exceptionnel servi par des soldats aussi exceptionnels dont beaucoup vont mourir au cri de « Vive l'Empereur »!

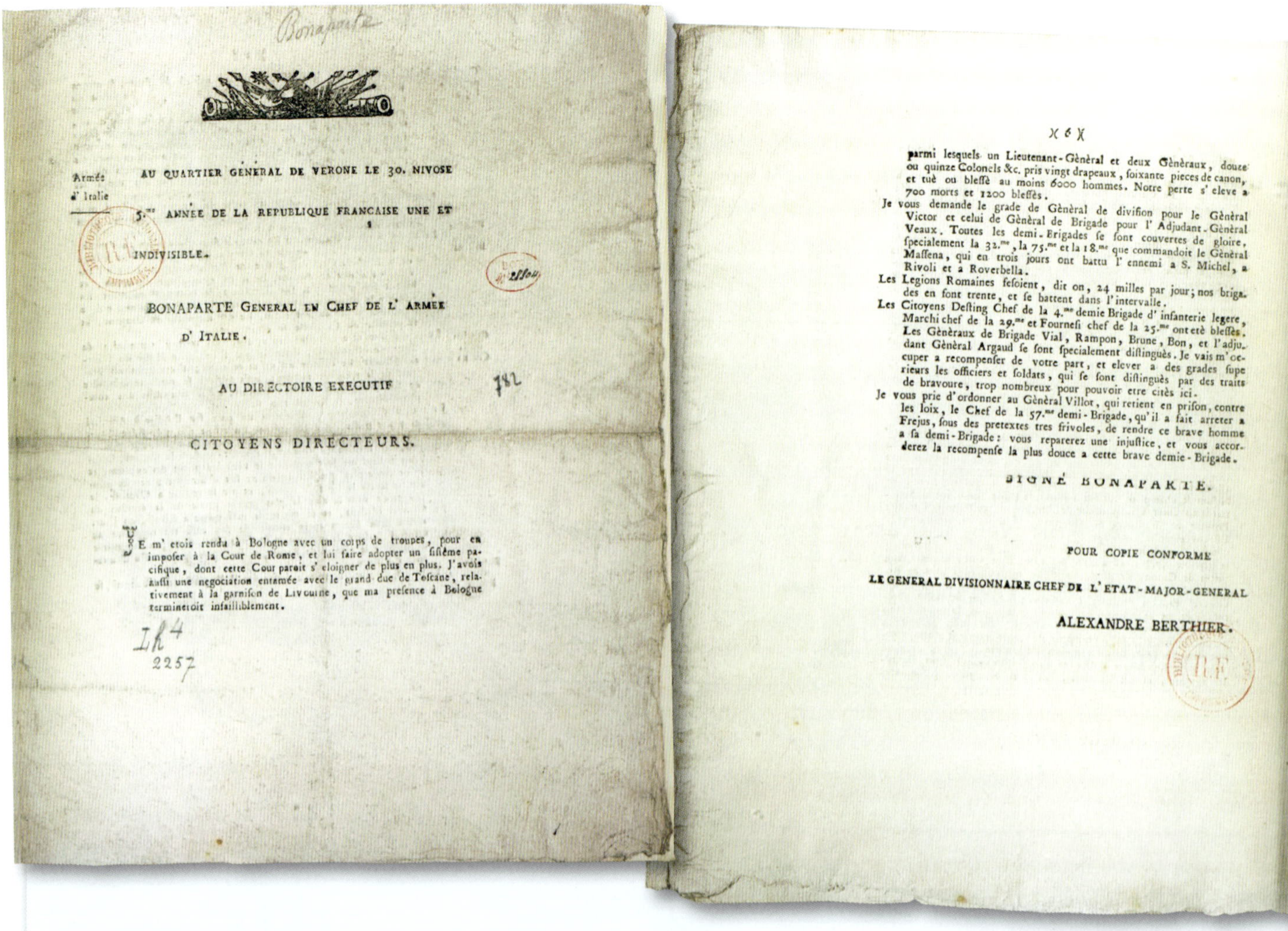

Armée d'Italie

AU QUARTIER GENERAL DE VERONE LE 30. NIVOSE 5.me ANNEE DE LA REPUBLIQUE FRANCAISE UNE ET INDIVISIBLE.

BONAPARTE GENERAL EN CHEF DE L' ARMEE D' ITALIE.

AU DIRECTOIRE EXECUTIF

CITOYENS DIRECTEURS.

JE m' etois rendu à Bologne avec un corps de troupes, pour en imposer à la Cour de Rome, et lui faire adopter un ſiſtême pacifique, dont cette Cour paroit s' eloigner de plus en plus. J'avois auſſi une negociation entamée avec le grand duc de Toſcane, relativement à la garniſon de Livourne, que ma preſence à Bologne termineroit infailliblement.

X 6 X

parmi lesquels un Lieutenant-Gènèral et deux Gènèraux, douze ou quinze Colonels &c. pris vingt drapeaux, ſoixante pieces de canon, et tuè ou bleſſè au moins 6000 hommes. Notre perte s' eleve a 700 morts et 1200 bleſſès.

Je vous demande le grade de Gènèral de diviſion pour le Gènèral Victor et celui de Gènèral de Brigade pour l' Adjudant-Gènèral Veaux. Toutes les demi-Brigades ſe ſont couvertes de gloire, ſpecialement la 32.me, la 75.me et la 18.me que commandoit le Gènèral Maſſena, qui en trois jours ont battu l' ennemi a S. Michel, a Rivoli et a Roverbella.

Les Legions Romaines feſoient, dit on, 24 milles par jour; nos brigades en font trente, et ſe battent dans l' intervalle.

Les Citoyens Deſting Chef de la 4.me demie Brigade d' infanterie legere, Marchi chef de la 29.me et Fourneſi chef de la 25.me ont etè bleſſès. Les Gènèraux de Brigade Vial, Rampon, Brune, Bon, et l' adjudant Gènèral Argaud ſe ſont ſpecialement diſtinguès. Je vais m' occuper a recompenſer de votre part, et elever a des grades ſuperieurs les officiers et ſoldats, qui ſe ſont diſtinguès par des traits de bravoure, trop nombreux pour pouvoir etre citès ici.

Je vous prie d' ordonner au Gènèral Villot, qui retient en priſon, contre les loix, le Chef de la 57.me demi-Brigade, qu' il a fait arreter a Frejus, ſous des pretextes tres frivoles, de rendre ce brave homme a ſa demi-Brigade: vous reparerez une injuſtice, et vous accorderez la recompenſe la plus douce a cette brave demie-Brigade.

SIGNÉ BONAPARTE.

POUR COPIE CONFORME

LE GENERAL DIVISIONNAIRE CHEF DE L' ETAT-MAJOR-GENERAL

ALEXANDRE BERTHIER.

La bataille de Rivoli racontée par le général en chef...

(Textes et illustrations Source Gallica, droits réservés)

Armée d'Italie
Au quartier-général de Vérone le 30 nivôse
5e année de la République française
une et indivisible
Bonaparte général en chef de l'armée d'Italie
au Directoire exécutif

« Citoyens directeurs
[...]

A la pointe du jour, notre aile droite, et l'aile gauche de l'ennemi, se rencontrent sur les hauteurs de San Marco. Le combat est terrible et opiniâtre. Le général Joubert, à la tête de la 33e, soutient son infanterie légère, que commandait le général Vial.

Cependant, M. Alwinzy, qui a fait ses dispositions, le 14, pour enfermer toute la division du général Joubert, continue d'exécuter son même projet. Il ne se doute pas que, pendant la nuit, j'y suis arrivé avec des renforts assez considérables, pour rendre son opération non seulement impossible, mais encore désastreuse pour lui.

Notre gauche est vivement attaquée; la 85e demi-brigade de ligne et la 29e d'infanterie légère se battent mollement; la gauche plie, et l'ennemi se porte sur le centre; la 14e demi-brigade soutient le choc avec la plus grande bravoure; le général Berthier, chef de l'état-major que j'y ai laissé, déploye dans cette occasion la bravoure, dont il a fait si souvent preuve dans cette campagne. Les Autrichiens, encouragés par leur nombre, redoublent d'efforts, pour enlever les canons placés devant cette demi-brigade; un capitaine s'élance au-devant de l'ennemi, en criant *« 14e, laisserez vous prendre vos pièces ? »* en même temps la demi-brigade, commandée par le général Rampon, que j'ai envoyé pour rallier la gauche, paraît, reprend toutes les positions et rétablit entièrement les affaires.

Cependant il y a déjà trois heures qu'on se bat, et l'ennemi ne nous a pas encore présenté toutes ses forces; une colonne autrichienne, qui a longé l'Adige, sous la protection d'un grand nombre de pièces, marche droit au plateau de Rivoli, pour l'enlever, et par là menace de tourner et le centre et la droite. J'ordonne au général de cavalerie Leclerc de se porter pour charger l'ennemi, s'il parvient à s'emparer du plateau de Rivoli, et j'envoye le chef d'escadron Lasalle avec 50 dragons le prendre en flanc.

Au même instant, le général Joubert fait descendre des hauteurs de San Marco quelques bataillons qui plongent sur le plateau de Rivoli. L'ennemi, qui a déjà pénétré sur le plateau, attaqué vivement de tous côtés, laisse un grand nombre de morts, ainsi qu'une partie de son artillerie, et rentre dans la vallée de l'Adige. À peu près au même moment, la colonne ennemie, qui est depuis longtemps en marche pour nous tourner et nous couper toute retraite, se range en bataille sur des pitons derrière nous.

J'ai laissé à cet effet la 75e en réserve, qui, non seulement, tient en respect cette colonne, mais encore attaque la gauche, qui s'était un peu avancée et la met sur le champ en déroute. La 58e demi-brigade arrive dans le temps que le général Rey a pris position derrière la colonne qui nous tournait, fait aussitôt canonner l'ennemi avec quelques pièces de douze; j'ordonne l'attaque; et en moins d'un quart d'heure toute cette colonne, composée de plus de 4 000 hommes, est faite prisonnière.

L'ennemi, partout en déroute, est partout poursuivi, et pendant toute la nuit l'on nous amène des prisonniers. 1 500 hommes qui se sauvent par Garda, sont arrêtés par cinquante hommes de la 18e demi-brigade, qui, du moment qu'ils les ont reconnus, marchent sur eux avec confiance et leur ordonnent de poser les armes.

L'ennemi est encore maître de la Corona, mais il ne peut plus être dangereux; il faut se presser de marcher contre la division de M. le général Provera, qui a passé l'Adige le 14, à Anguiari.

Je fais filer le général Victor avec la 57e, et rétrograder le général Masséna avec une partie de sa division, qui arrivent le 15 à Roverbella. Je laisse l'ordre en partant au général Joubert d'attaquer l'ennemi à la pointe du jour, s'il est assez téméraire pour rester encore à la Corona. Le général Murat a marché toute la nuit avec une demi-brigade d'infanterie légère, pour tourner Montebaldo, et paraître dans la matinée sur la Corona.

Effectivement, l'ennemi, après une résistance assez vive, est mis en déroute, et ce qui est échappé à la journée de la veille, est fait prisonnier ; la cavalerie ne peut se sauver qu'en traversant l'Adige à la nage, où il s'en noye un grand nombre. La 8e et la 2e demi-brigade se distinguent dans cette seconde journée. *« Nous avons fait, dans les deux journées de Rivoli, 13 000 prisonniers et pris 9 pièces de canon. »* [...]

Le général Provera, à la tête de six mille hommes, arrive le 16 à midi au faubourg de Saint Georges, il l'attaque pendant toute la journée, mais inutilement. Le général de Brigade Miollis, avec la 69e demi-brigade, défend ce faubourg, que le chef de bataillon Samson a fait retrancher avec soin. Le général Miollis, loin d'être intimidé des menaces de l'ennemi, lui répond avec du canon, et gagne ainsi la nuit du 16 au 17, pendant laquelle j'ordonne au général Serurier d'occuper la Favorite, avec la 57e et la 18e demi-brigades de ligne et toutes les forces disponibles que l'on peut tirer des divisions du blocus. Mais avant de vous rendre compte de la Bataille de la Favorite, qui a lieu le 16, je dois vous parler des deux combats d'Anguiari.

La division du général Provera, forte de 10 000 hommes, a forcé le passage d'Anguiari. Le général Guyeux réunit aussitôt toutes ses forces (1 500 hommes), il ne peut parvenir à faire repasser la rivière à Provera, pendant toute une partie de la journée, et lui fait 300 prisonniers.

Le général Provera ne perd pas un instant, et file sur le champ à Castellara. Le général Augereau, tombe sur son arrière-garde et après un combat assez vif, lui prend 16 pièces de canon et lui fait 2 000 prisonniers; l'adjudant-général Dufaux se distingue ; les 9e et 18e régiments de dragons, ainsi que le 25e régiment de chasseurs se conduisent avec courage. Le commandant des uhlans se présente devant un escadron du 9e régiment de dragons, et par une de ces impertinences communes aux Autrichiens ; *« Rende-vous »* crie-t-il au régiment. Le citoyen Duviviers fait arrêter son escadron ; *« Si tu es brave, crie-t-il, au commandant, vient me prendre »*. Les deux corps s'arrêtent et les deux chefs donnent un exemple de ces combats, que nous décrit avec tant d'agréments le Tasse. Le commandant des uhlans est blessé de deux coups de sabre, les troupes alors se chargent, et les uhlans sont faits prisonniers.

Le général Provera file toute la nuit, arrive le 16, comme j'ai en l'honneur de vous le dire, pour attaquer Saint Georges. N'ayant pas pu y entrer, il projette de forcer la Favorite, de percer les lignes du blocus, et, secondé par une sortie que devait faire Wurmser, de se jeter dans Mantoue.

Le 27, une heure avant le jour, les ennemis attaquent la Favorite dans ce temps que Wurmser fait une sortie et attaque les lignes du blocus par Saint Antoine. Le général Victor, à la tête de la 57e, culbute tout ce qui se trouve devant-lui ; le général Masséna, avec la 18e, fait rentrer Wurmser, presque aussitôt qu'il est sorti, en laissant le champ de bataille couvert de morts. Le général Serurier fait avancer à la poursuite de l'ennemi, la 57e afin d'acculer Provera aux faubourgs de Saint Georges et, par là, le tenir bloqué.

Effectivement, la confusion et le désordre sont dans les rangs ennemis ; cavalerie, infanterie, artillerie, tout est pêle-mêle ; la terrible 57e n'est arrêtée par rien ; d'un côté elle prend trois pièces de canon, de l'autre elle fait mettre pied à terre au régiment des hussards d'Herdeudy. Dans le moment, le respectable général Provera demande à capituler : il compte sur notre générosité, et ne se trompe pas ; nous lui accordons la capitulation, dont vous trouverez ci-joint les articles : six mille prisonniers, parmi lesquels tous les Volontaires de Vienne, et vingt pièces de canon, sont les fruits de cette mémorable journée

L'armée de la République a donc en quatre jours gagné deux batailles rangées, et six combats, fait près de 25 000 prisonniers parmi lesquels un lieutenant général et deux généraux, douze ou quinze colonels et pris vingt drapeaux, soixante pièces de canon, et tué ou blessé au moins 6 000 hommes. Notre perte s'élève à 700 morts et 1 200 blessés.

Je vous demande le grade de général de division pour le général Victor et celui de général de brigade pour l'adjudant-général Veaux. Toutes les demi-brigades se sont couvertes de gloire, spécialement la 32e, la 73e et la 25e que commandait le général Masséna qui, en trois jours, ont battu l'ennemi à San Michel, à Rivoli et à Roverbella.

Les légions romaines faisaient, dit-on, 24 milles par jour ; nos brigades en font trente, et se battent dans l'intervalle.

Les citoyens Desting chef de la 4e demi-brigade d'infanterie légère, Marchi chef de la 29e et Fournesi chef de la 25e ont été blessés.

Les généraux de brigade Vial, Rampon, Brune, Bon, et l'adjudant-général Argaud se sont spécialement distingués. Je vais m'occuper à récompenser de votre part, et élever à des grades supérieurs, les officiers et soldats, qui se sont distingués par des traits de bravoure, trop nombreux pour pouvoir être cités ici.

Je vous prie d'ordonner au général Villot, qui retient en prison, contre les loix *(sic)*, le chef de la 25e demi-brigade, qu'il a fait arrêter à Fréjus, sous des prétextes très frivoles, de rendre ce brave homme à sa demi-brigade : vous réparerez une injustice, et vous accorderez la récompense la plus douce à cette brave demi-brigade de volontaires de l'Aisne.

Signé Bonaparte

Pour copie conforme
le général divisionnaire
chef de l'état-major général
Alexandre Berthier

Nous avons, dans cette retranscription, laissé, tant que la compréhension du texte le permettait, l'orthographe, le rythme et le vocabulaire employés par le général en chef... Même si ces derniers peuvent aujourd'hui choquer parfois notre sens de la syntaxe...
Jean-Marie Mongin

5 de Mantoue à Campo-Formio

Ci-dessous.
Les drapeaux autrichiens capturés par les Français sont présentés aux Directeurs dans l' un des grands salons du Palais du Luxembourg, à Paris.
(Gravure anonyme, collection particulière, droits réservés)

Le 15 janvier, Joubert disperse ou capture les débris de l'armée autrichienne. Le 16, Bonaparte, déjà reparti avec la division Masséna, reçoit la capitulation de Provera.

Mantoue allait enfin se rendre.

De la Favorite à la prise de Mantoue

Le général Wurmser, toujours assiégé dans Mantoue – depuis le mois d'août 1796 – tente, début janvier, une sortie qu'il espère pouvoir combiner avec l'arrivée de la colonne de secours commandée par le général Provera.

Ce dernier dispose de 6 000 à 7 000 hommes et, de son côté, Wurmser commande de 8 000 à 10 000 soldats. Coincé entre les deux formations autrichiennes, le général Sérurier ne peut compter, le 15 janvier, que sur 6 000 vé-térans français. Une fois encore, négligeant le profit que leur procure leur supériorité numérique, les deux généraux autrichiens attendent le lendemain pour engager le combat, persuadés sont-ils que Bonaparte, impliqué depuis la veille dans une bataille d'envergure près de Rivoli, à soixante kilomètres de là, ne pourra pas intervenir.

Le 16 janvier, à l'aube, Wurmser sort de Mantoue et trouve sur son chemin les troupes de Bonaparte. Provera, de son côté, est aux prises avec Masséna et Victor qui sont arrivés avec leurs troupes, eux aussi, dans la nuit, en même temps que le général en chef français.

Les Autrichiens comprennent assez rapidement que leurs attaques n'auront aucune chance

1. À cette nomination, Bonaparte répond que *« les Autrichiens avaient envoyé en Italie des armées sans général et qu'alors, ils envoyaient maintenant un général sans armée »*.

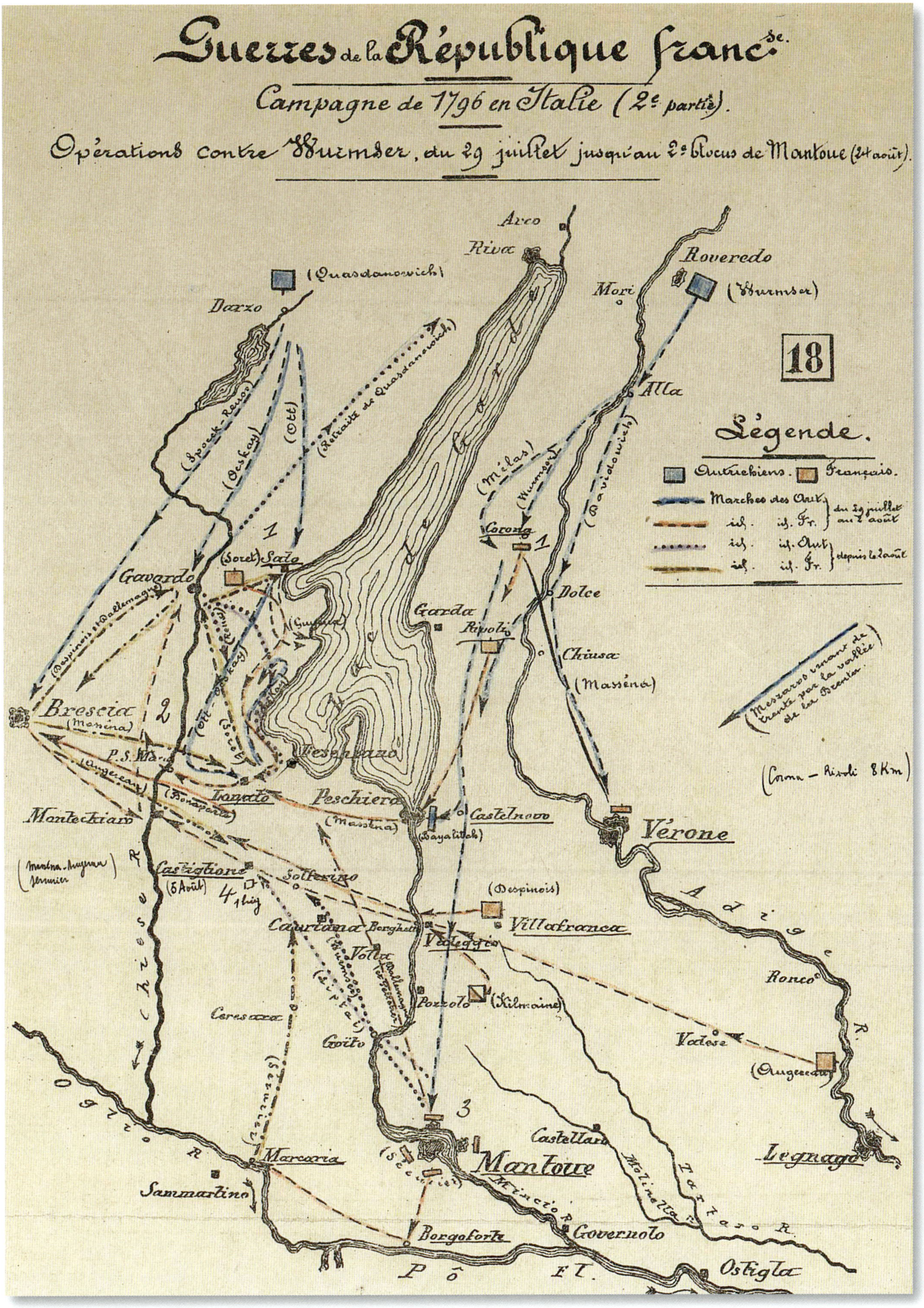
Guerres de la République franc^se.
Campagne de 1796 en Italie (2e partie).
Opérations contre Wurmser, du 29 juillet jusqu'au 2e blocus de Mantoue (24 août).
18
Légende.
Autrichiens.
Français.
Marches des Aut.
id. id. Fr.
id. id. Aut.
id. id. Fr.
du 29 juillet au 2 août
depuis le 2 août
Arco
Riva
Roveredo
(Wurmser)
Mori
(Quasdanowich)
Darzo
Alla
Corona
Dolce
Chiusa
(Masséna)
Garda
Rivoli
(Soret) Salo
Gavardo
Brescia
(Masséna)
P. S. Marco
(Augereau)
Lonato
(Bonaparte)
Desenzano
Peschiera
(Masséna)
Castelnovo
Vérone
(Corona – Rivoli 8 Km)
Montechiaro
Castiglione
(5 Août)
Solferino
(Despinois)
Villafranca
Cavriana
Borghetto
Valeggio
Volta
Pozzolo
(Kilmaine)
Cerese
Goito
Ronco
Valese
(Augereau)
Mantoue
Castellaro
Legnago
Marcaria
Sammartino
Borgoforte
Governolo
Ostiglia
Adige R.
Oglio R.
Chiese R.
Mincio R.
Molinella
Tartaro R.
Pô Fl.

Les derniers instants du siège de Mantoue. *(Gravure d'époque, collection particulière)*

Page suivante en haut. Les prisonniers autrichiens passent devant le général en chef. À Mantoue, c'est Serrurier qui est chargé par Bonaparte de recevoir la capitulation de la place forte. *(Gravure d'Édouard Detaille, collection particulière)*

d'aboutir et le général Wurmser ramène ses troupes dans Mantoue. Provera, quant à lui, depuis l'arrivée d'Augereau, se trouve face à des forces quatre fois plus nombreuses que les siennes. Il n'a pas d'autre choix que de se rendre à dix heures du matin.

Ses 6700 soldats, qui n'ont pratiquement pas combattu, rejoignent « l'immense cohorte des prisonniers » de Rivoli. Les trois derniers jours de combat ont coûté à l'armée autrichienne 26000 hommes sur les 42000 qu'elle comptait le 14 janvier. L'erreur d'appréciation des deux gé-néraux – ou la trop grande ignorance des réelles capacités manœuvrières des Français – leur a coûté cher.

Mantoue tombe enfin

Revenons quelques mois en arrière…

Le 30 mai 1796, l'armée d'Italie enfonce les dernières lignes autrichiennes à Borghetto, sur le Mincio. Les troupes commandées par le général Colli (environ 5000 hommes) courent trouver refuge dans la ville de Mantoue. La place forte est alors défendue par le général espagnol Canto d'Irles, à la tête d'un peu plus de 8000 hommes.

Mantoue possède alors une particularité qui la rend idéale pour tenir tête à une armée ennemie : elle est bâtie au centre d'un « double lac » formé par le Mincio et elle est reliée à la terre ferme par cinq chaussées, dont les accès sont protégés par des ponts-levis.

Bonaparte confie au général Sérurier le siège de la ville. Celui-ci est à la tête d'environ 9000 hommes, bientôt rejoints par les 12000 soldats du général Vaubois.

Comme nous l'avons vu, le retour offensif des Autrichiens lors de l'été 1796, sur les arrières de l'armée d'Italie, oblige Bonaparte à lever

Plan de la ville de Mantoue en 1797. *(Gravure d'époque, Bibliothèque nationale, Gallica, droits réservés)*

Page suivante en bas. La reddition de Mantoue. Le vainqueur, magnanime, en hommage à la résistance autrichienne, autorise le général Wurmser et 700 de ses hommes à rejoindre l'armée de l'Archiduc. *(Huile sur toile, Google Art Project, droits réservés)*

provisoirement le siège de la ville ; Serrurier envoie 5 000 hommes renforcer Augereau et ses 4 000 soldats restants couvrent la route de Plaisance. À la fin du mois d'août, Serurier retourne devant Mantoue. La bataille de Rivoli perdue par Alvinczy signe la fin des espoirs de la garnison de Mantoue.

Les Autrichiens acceptent alors de se rendre et de livrer la ville aux Français. Bonaparte, parti mener la guerre aux États du Pape, laisse au général Jean-Mathieu-Philibert Sérurier le soin de mener à bien cette délicate opération que représente la reddition de Mantoue. Le général de division français refuse de changer – ne serait-ce d'une virgule – la proposition de reddition, suivant, en cela, strictement les instructions laissées par son général en chef.

Le 2 février 1797, le siège de Mantoue prend fin quand le *Generalfeldmarschall* Dagobert Sigmund von Wurmser finit par signer les termes de la reddition. Les Autrichiens, désarmés, quitteront la ville de Mantoue les 4, 5 et 6 février. Le siège a fait, du côté autrichien, 16 333 tués, blessés ou morts de maladie.

En récompense de son courage, le général français laisse Wurmser, son état-major et une escorte de 700 soldats rejoindre les lignes autrichiennes. Près de 20 000 autres soldats de l'empereur seront libérés sur parole contre la promesse de ne pas se battre contre la France. Bénéfice supplémentaire pour les Français, les artilleurs de l'Armée d'Italie s'emparent des 325 pièces d'artillerie qui défendaient Mantoue. Cent soixante-dix-neuf canons français, capturés ou perdus auparavant, font partie de cette manne.

Carl von Clausewitz considère que Napoléon aurait peut-être *« mieux fait de se fortifier autour*

Ces deux gravures d'époque illustrent à merveille le recrutement de dernière instance des unités de volontaires levées à travers toutes les possessions des Habsbourg : volontaires viennois, *Jäger*, milices bourgeoises et autres chasseurs libres… *(Collection particulière, droits réservés)*

de Mantoue, de manière à assurer le siège de la ville tout en soutenant le siège de l'armée de secours autrichienne, plutôt que de lever le siège temporairement pour écraser l'armée de secours autrichienne imprudemment divisée en plusieurs colonnes à la bataille de Rivoli ».

Une armée d'Italie « gonflée à bloc »…

Les renforts provenant de toutes les armées de la République sont en route : Hoche envoie Duguay, Lebley arrive à la tête d'unités provenant de l'armée des Côtes de Cherbourg, Bernadotte arrive de Sambre et Meuse et l'armée du Rhin envoie Delmas. Mantoue, tombée, les troupes qui en assuraient le blocus rejoignent le gros de l'Armée d'Italie, bientôt suivis par 10 000 soldats de la République Cisalpine. L'amalgame entre ces renforts et ceux d'Italie est compliqué et les heurts entre les vétérans d'Allemagne et les héros d'Italie sont fréquents.

Enfin libre sur ses arrières, ragaillardi par de conséquents renforts, le général Bonaparte dispose désormais de 50 000 hommes. Il songe à reprendre l'offensive et son plan initial : marcher sur Vienne.

Suite à la victoire de Rivoli et à la chute de Mantoue, les soldats français, repus après une série de pillages, ont un moral au plus haut. L'anecdote suivante, probablement apocryphe, est révélatrice des nouvelles dispositions des vétérans de l'armée d'Italie : *« Tu veux de la gloire,* dit un vieux grenadier à Bonaparte, *eh bien nous allons t'en foutre de la gloire ! »*

Le général Bonaparte et le Pape. *(La France militaire, collection particulière)*

Contre une armée autrichienne improbable

L'archiduc Charles est envoyé par l'empereur pour arrêter les Français. Le monarque compte, en effet, sur celui qui a vaincu Moreau et Hoche.[1] Les forces autrichiennes de l'archiduc – pour un total de 40 000 hommes – sont difficilement rassemblées autour du noyau formé par les troupes de Liptay, dans le Tyrol (11 000 fantassins et 420 cavaliers) et les chasseurs tyroliens qui ne peuvent être considérés comme une force conventionnelle mais, bien seulement, que comme une armée défensive. Lusignan et ses 18 500 fantassins et 2 500 cavaliers, occupent le flanc droit de l'armée de l'Archiduc. Le nouveau général en chef autrichien compte sur l'arrivée des divisions prélevées sur le front allemand et celle de l'artillerie en provenance de Vienne.

Rome et le Pape

Selon les instructions de Paris, Bonaparte doit régler le problème romain. Les états pontificaux sont défendus par une mauvaise armée à peine forte de 15 000 hommes sous les ordres du général autrichien Colli. Le pape Pie VI analyse la défaite des Autrichiens et comprend que la situation est bien délicate pour son pouvoir, surtout avec la neutralité du royaume de Naples. Bonaparte, avec Victor et Lannes, à la tête d'une petite armée

L'armée autrichienne de l'Archiduc Charles. De gauche à droite, de l'arrière à l'avant-plan : dragons, Volontaires, pontonnier du 11e corps de pontonniers, canonnier, *Feldjäger*, uhlan, chasseurs à cheval, chevau-léger, dragon, grenadier hongrois, fifre d'un régiment allemand, cuirassiers et pandour. *(Dessin de Henri de Beaufort, collection de l'auteur, droits réservés)*

Les troupes françaises passent le Tagliamento, le 16 mars 1797, et repoussent les Autrichiens de l'Archiduc. *(La France militaire, collection particulière)*

Le général Dumas, « L'Horatius Coclès du Tyrol » est ici lancé dans un combat singulier avec des dragons autrichiens. *(La France militaire, collection particulière)*

de 9000 hommes, dont 1900 cisalpins, 575 cavaliers, 8 canons et 50 obusiers, assistés de la colonne mobile de Marmont, se dirige vers la capitale éternelle. Les mille hommes de Marmont, en chemin, battent les troupes du pape lors d'un bref engagement.

La première bataille, à Castel Bolognese, voit les Cisalpins balayer les forces papales, pourtant bien installées et appuyées par l'artillerie. Réfugiées dans la ville de Faenza, à quelques kilomètres du champ de bataille, elles en sont délogées par Victor qui pille la petite bourgade.

L'armée du pape, démoralisée, se rend à Victor, sans même combattre, devant Ancône. La ville est prise par les Français et Colli s'enfuit à Rome. Le pape, qui a vite compris que tout était perdu, signe la paix à Tolentino, le 19 février 1797. Bologne, Ferrare et Ancône ainsi que 35 millions or sont cédés aux Français. De plus, Monge, à la tête d'une commission spéciale, est chargée de rechercher et récupérer toutes les œuvres d'art possibles.

Bonaparte revient à son plan initial

Bonaparte, rassuré par cette mise à l'écart des Romains et la neutralité napolitaine, peut désormais se diriger vers Vienne avec ses 60000 hommes. Le gros des forces marche sur l'archiduc Charles et sa 4e armée autrichienne.

Le général français a divisé ses troupes en deux armées :

- L'armée du Tyrol est confiée à Joubert. Elle comprend la division Joubert (7500 hommes), la division Baraguay-d'Hilliers (6500 hommes), la division Delmas (5500 hommes). La cavalerie des généraux Dumas et de Duguay protège son flanc droit. Le rôle dévolu à Joubert est de protéger l'aile gauche de l'armée de Bonaparte.

- L'armée principale, sous les ordres du général en chef, est composée des divisions Bernadotte,

2. Il vient de remplacer Augereau.

Sérurier, Guieu[2] et Masséna. Ce dernier est à la tête des demi-brigades cantonnées à Bassano comprenant les 2e et 17e demi-brigades légères, les 18e, 25e, 32e demi-brigades de ligne, et deux régiments de cavalerie (5e dragons, 10e chasseurs), ainsi que l'artillerie de Carrère. Cette force joue le rôle de réserve pendant la progression vers le Tagliamento, avant de devenir l'avant-garde de l'armée d'Italie.

Passer le Tagliamento et marcher sur Vienne

Le 16 mars, Bonaparte défait l'Archiduc sur le Tagliamento.

Au matin, la 2e demi-brigade légère suivie de la 32e de ligne traverse les deux pieds d'eau du Tagliamento pour entrer dans Gemona et Gradisca. Arrivés là, les soldats français se heurtent aux généraux Ocskay, Gontreuil, Koblos et Bajalich, puis la 25e demi-brigade s'empare du fort de Chiusa Forte, ouvrant la voie au reste de l'armée.

Ocskay a beau fortifier les gorges et capturer une petite centaine de soldats de Masséna, il ne peut repousser les attaquants français. Brune est aux avant-postes avec la 75e, le 10e chasseurs, deux pièces de trois et la 32e de Duranteau de Baune en pointe. L'artillerie donne et la 75e demi-brigade passe.

Les Français s'emparent du col de Tarvis, le 23 mars, après une rude offensive de Masséna qui envoie la 75e de ligne puis la 2e légère. L'Archiduc a beau lancer ses dragons sur les fantassins légers, la bataille est perdue pour les Autrichiens. Les Alpes caryntiques sont traversées.

Le 25 mars, Bonaparte descend vers Villach, repoussant toutes les résistances. Le 27, les deux

Les troupes autrichiennes de Ocskay montent à l'assaut dans le col de Tarvis. 1797. *(Collection particulière, droits réservés)*

Sur le sol même de l'empire des Habsbourg, les dragons autrichiens sont lancés sur les carrés français lors d'une des batailles de la marche sur Vienne., *(Collection particulière, droits réservés)*

armées se reconstituent sur la route de Klagenfurt.

Le 28 mars, l'Archiduc, assisté du prince de Reuss à la tête des divisions Marcandin et Kaim, reçoit le premier choc des chasseurs du 10e régiment. Brune attaque avec la 25e demi-brigade et ses grenadiers au son des 12 canons français mis en batterie.

Ordener mène la charge à la tête des 10e, 24e chasseurs et du 3e dragons et remporte la victoire. Klagenfurt est prise et Berthier est intraitable avec les populations civiles. Les jours suivants, Saint-Veil, Friesach sont prises à leur tour.

Joubert, qui est avec Dumas, se bat dans le Tyrol puis rejoint l'armée principale. Les victoires s'enchaînent et les demi-brigades d'infanterie et les régiments de cavalerie de l'Armée d'Italie se couvrent de gloire avec à leur tête Rampon et Brune.

La victoire décisive survient le 2 avril quand la 18e et « la terrible » 75e demi-brigade de ligne s'emparent de Judenburg. La capitale autrichienne n'est plus qu'à quelques kilomètres des troupes de Bonaparte, l'Empereur François II ne peut que demander l'armistice. Le 18 avril, les préliminaires de la paix de Leoben sont signés.

Le Directoire, à Paris, inquiet de la nouvelle stature prise par Bonaparte, chef d'armée, et incroyable vainqueur, envoie Henri Clarke – ancien cadet du roi et futur ministre – pour le surveiller. Il est chargé de négocier avec les Autrichiens et a la possibilité d'utiliser les conquêtes de Bonaparte en Italie comme monnaie d'échange dans les tractations de paix. C'était sans compter sur les capacités de séduction de Bonaparte.

(suite page 90)

Ci-dessus, de haut en bas.
L'entrée des Français à Milan sous les acclamations de la foule. Cet accueil a surpris agréablement les soldats de l'armée d'Italie. *(Huile sur toile de Lecomte, Google Art Project, droits réservés)*

Bonaparte et Joséphine à la Villa Crivalli, près de Milan, goûtent aux plaisirs que dispense la position – enviée – de « proconsul »… *« Il s'y fait une véritable cour, il s'y entoure d'un gouvernement de proconsul romain de la grande époque, conquérant, homme d'État, organisateur de la conquête et pacificateur des peuples vaincus. C'est Jules César en Gaule ».* Albert Sorel *(Huile sur toile de F. Flameng, Google Art Project, droits réservés)*

le pillage de l'Italie

Très vite, le général en chef de l'armée d'Italie reçoit des Directeurs une autre mission que celle de jouer les « utilités » dans la péninsule. Les instructions du Directoire faites à Bonaparte, le 7 mai 1796, sont loin être équivoques...

« Le Directoire exécutif est persuadé que vous regarderez la gloire des beaux-arts comme attachée à celle de l'armée que vous commandez. L'Italie leur doit en grande partie ses richesses et son illustration ; mais le temps est arrivé où leur règne doit passer en France pour affermir et embellir celui de la liberté. [...] *Le Musée national doit renfermer les plus célèbres de tous les arts et vous ne négligerez pas de l'enrichir de ceux qu'il attend des conquêtes actuelles de l'armée d'Italie.* [...]

Le Directoire exécutif vous invite donc à choisir un ou plusieurs artistes, destinés à rechercher, à recueillir et à faire transporter à Paris les objets de ce genre les plus précieux... ».

En effet, pour le Directoire, l'Italie n'est qu'une étape de la conquête ; le but à atteindre est d'envahir et vaincre la monarchie autrichienne. Les victoires du général en chef transforment le pays en une sorte de « coffre aux trésors » pour la France et la République se doit d'en tirer gloire et richesse afin de permettre au futur musée du Louvre de devenir le centre incontesté de l'art européen.

Pour cela, les Directeurs invoquent trois arguments pour réclamer et, surtout, s'emparer des plus belles œuvres italiennes :

- une source indispensable de connaissances historiques ;
- un modèle pour la création, et
- un fondement identitaire. La Révolution, ici, reprenant à son compte l'idéologie de la Rome de la Renaissance se pensant comme la continuité de la Rome antique.

La déclaration de Bonaparte, datée du 28 mars 1796, résume, quelques semaines avant même la réception des instructions du Directoire, la vision de l'Italie qu'en ont les Français : un eldorado, lieu de plaisir où la France peut – doit – puiser toutes les richesses : *« Soldats, vous êtes nus et mal nourris. Je vous conduirai dans les plaines les plus fertiles du monde. Vous y trouverez honneur, gloire et richesse »* [...].

Jus predae, Jus gentium[1]...

Cette spoliation sera d'une ampleur gigantesque. Quand Bonaparte signe l'armistice avec les armées papales, le 23 juin 1793, un article fait mention des œuvres réclamées au Pape par la France. Celui-ci livrera à la République française : *« cent tableaux, bustes, vases ou statues, au choix des commissaires qui seront envoyés à Rome, parmi lesquels objets seront notamment compris les bustes en bronze de Junius Brutus et celui en marbre de Marcus Brutus, tous les deux placés au Capitole, et cinq cents manuscrits au choix desdits commissaires »*.

Paris, depuis le début de la Révolution se voit, se vit, comme une moderne Rome [Antique] et calque

Ci-dessous.
Départ du troisième convoi de statues et de monuments d'arts italiens pour la France, 1797. Ce convoi serpente à travers le Trastevere et sera escorté par le peintre Gros et le sculpteur Gaulle.
(Gravure à l'eau-forte de Joseph-Charles Marin et Jean Jérôme Baugean droits réservés)

Page précédente en bas.
« Les soldats engraissaient, ils mangeaient du bon pain, de la bonne viande, et buvaient de l'excellent vin. Ils étaient contents, et commençaient à observer une exacte discipline. »
(gravure d'époque ,Bibliothèque ASK Brown, droits réservés)

1. Droit de prise et droit des peuples.

Pillage ou rançon ?

L'historiographie parle souvent des « pillages », notamment ceux d'œuvres d'art, effectués par Bonaparte en Italie pendant et après la campagne de 1796-1797 ; il ne faut pas oublier qu'il était alors reconnu par les lois de la Guerre de faire payer rançon au vaincu. Aujourd'hui, cette rançon s'appellerait « paiement des dommages de guerre ». Les œuvres d'art, bien évidemment, au XVIIIe siècle font partie de cette « taxe ».

La liste établie par le général de Pommereul, dans son livre *« La Campagne du général Buonaparte, en Italie »*, contient, par exemple, au titre des œuvres d'art « collectionnées » : neuf huiles sur toile signées Raphaël, dix-huit du Perugin, un tableau de Carare, une toile de Poussin et une du Titien...

« *Jamais plus nobles trophées n'ornèrent les triomphes d'aucun vainqueur* [...] *On demandait pourquoi la France dépouillait ainsi Rome; comme si ce qu'on lui prenait n'était pas ce que les Romains avaient eux-mêmes pris aux Grecs ! Le négociant Jenkins n'a-t-il pas trafiqué pour Londres d'une partie des objets rassemblés dans les palais Negroni, Giustani et Barberini ?* »

À l'imitation des triomphes romains à forte composante idéologique, le convoi du butin italien entre à Paris sur des chariots aux dédicaces très républicaines. *(Gravure de Berthault, musée Carnavalet, collection particulière, droits réservés)*

ses actions sur son modèle de vertu. Comme pour les armées de la république antique, les butins de guerre doivent servir à la gloire du pays. Ces prises ne choquent pas la population européenne, accoutumée à ces pratiques vieilles, déjà, de plus de 2000 ans. Les auteurs grecs et latins[2] ont justifié cette « habitude » et nombreux sont ceux qui, dans la France révolutionnaire, théorisent le caractère banal et légitime des saisies ainsi que leur utilité pour la société.

Cette appropriation, pour les républicains français, répond aussi aux enjeux politiques et militaires que se disputent la France et l'Angleterre. Cette appropriation conforte la puissance militaire, la domination territoriale et finit même par remplir les caisses de l'État. Il est commun de penser que ces réquisitions sont une des composantes de la stratégie militaire « visant à priver les adversaires d'une source financière considérable ». Il est ainsi aisé de considérer que l'attribution automatique des œuvres d'art à la France – comme tout ce que possède l'Italie d'ailleurs – l'est en vertu du droit du vainqueur.

Art, science et conquête

« Art » et « Guerre » sont deux réalités que la France associe. L'art, source de richesse et de puissance, devient un enjeu d'importance dans les rapports de force entre des pays ennemis. Les réquisitions sont d'autant plus faciles dans une péninsule morcelée politiquement en plusieurs principats, monarchies et gouvernement pontifical.

Le pillage concerne tous les domaines du savoir et, après les œuvres d'art les plus recherchées, les envoyés de Paris saisissent manuscrits, livres rares et matériel scientifique.

Gaspard Monge, fondateur de l'École Polytechnique, un des principaux artisans de ces réquisitions, s'attache – et il se justifie à plusieurs reprises – à démontrer que ce que réalisent les Français en Italie ne sont ni vandalisme, ni pillage. Il fait remarquer que ce sont les Italiens qui détruisent les ouvrages indispensables à l'instruction. Il affirme que c'est bien la population italienne qui n'a pas su prendre soin de son patrimoine, alors que les Français respectent les lieux de savoir et sauvent les œuvres de l'esprit. De plus, le savant, porteur des lumières de la Révolution, ne juge pas les Italiens capables de se

2. Xénophon affirme que la *« loi universelle et éternelle que dans une ville prise* [...] *tout, les personnes et les biens, appartiennent au vainqueur. »* Platon, puis Tite-Live, quant à eux, invoquent le *ius belli* (le droit de la guerre) pour légitimer les transferts des œuvres d'art.

servir ou de comprendre ce qu'ils ont reçu en legs, comme le prouve ce texte, entre autres, à propos de la capitale pontificale : *« cette misérable ville est à l'agonie* [...], *sa population est sans culture, sans industrie, sans commerce* [...] *elle n'est plus qu'une momie dont le principe de vie est détruit depuis longtemps »*.

Le processus de spoliation ou d'appropriation s'achève lors de la fête du 9 thermidor An IV quand arrivent d'Italie les œuvres appropriées.

Le cortège est composé et progresse selon la tradition des triomphes – avec la présentation du butin – au retour des campagnes victorieuses de la Rome impériale.

Bonaparte, bien qu'absent, est ainsi assimilé à un *imperator* glorieux, « enrichissant la nation du butin extorqué aux peuples vaincus ».

Les chars reçoivent même des inscriptions exaltant la liberté, la suprématie politique ou la légitimité.

Le musée contre le patrimoine

La première campagne d'Italie met en avant la notion du lien unissant un lieu et une œuvre. Le musée voulu par les Directeurs est à l'origine du droit moral, celui de la « jouissance démocratique de l'héritage culturel » qui va bientôt être opposé à celui du droit du patrimoine qui lie le lieu et l'œuvre.

C'est en France que cette rhétorique va rencontrer l'opposition la plus argumentée. Ainsi, au cours de l'été 1796, les « Lettres à Miranda », d'un certain AQ, *« Lettres sur le préjudice qu'occasionneraient aux arts et à la science, le déplacement des monuments de l'art de l'Italie, le démembrement de ses écoles et la spoliation de ses collections, galeries, musées, etc. »*, sont à l'origine d'un terrible affrontement entre membres de l'élite culturelle, artistes, savants et hommes politique. Le débat porte sur *« le déracinement des œuvres, sur la perte de l'atmosphère et du contexte »*.

Quatremère de Quincy, son auteur, est le principal opposant à la politique des Thermidoriens. Il invente même l'idée de « République européenne des sciences et des arts ». Le musée, à l'égal de toute autre forme de vandalisme, ne faisant que déraciner les œuvres

On peut voir, ici, l'acte fondateur de la notion même de patrimoine.

L'idéologie et les pratiques de spoliation mises en place par le Directoire visant à « annexer le patrimoine de l'Europe à celui de la liberté » entrent en conflit avec l'histoire.

Les principes fondamentaux des peuples sont ignorés et bafoués. Les opposants à cette politique culturelle, comme Priesse, dénoncent *« l'imposture de la théorie révolutionnaire détournant le principe de la régénération pour l'utiliser à des fins méprisables afin de masquer la volonté du gouvernement de s'enrichir »*.

Il ne faut pas oublier, au final, que Bonaparte paraît avoir tiré de l'Italie une cinquantaine de millions de francs et le Directoire en reçut, pour sa part, une dizaine.

Gaspard Monge est un de ces savants et artistes, envoyés par le Directoire en Italie, chargés de choisir les manuscrits de la bibliothèque du Vatican. Il déplore la trop faible quantité d'ouvrages intéressants au profit des ouvrages religieux inutiles. *(Collection particulière, DR)*

À Paris, la polémique sur la réappropriation des œuvres fait rage. Les Musards de la rue du Coq, devant le cabinet d'estampes. *(Gravure de Martinet, 1810, Collection particulière)*

Cette carte publiée dans « La France militaire » précise l'étendue des possessions de la République de Venise dans le nord de la péninsule. *(collection particulière, DR)*

(suite de la page 86)

Vers la paix

L'homme que l'envoyé des Directeurs découvre alors, n'est pas ce jeune général – presque un égal – mais bien *« une sorte d'Imperator entouré de respect, de terreur, de popularité, de gloire, une manière de haut prince devant qui les États et les peuples s'inclinent qui le reçoit. »*.

Clarke, bien évidemment, fait part de toutes les conditions de sa mission au général en chef qui se montre ferme dans sa résolution à garder pour lui le bénéfice de ses victoires. Le plénipotentiaire, conquis par celui qu'il devait mettre de côté, se rallie complètement à son point de vue et le laisse négocier lui-même la paix.

Clarke veut pourtant remplir sa mission et demande aux Autrichiens ses passeports pour se rendre à Vienne. La bonne fortune de Bonaparte, toujours fidèle à cette époque, fait que le chancelier impérial refuse, contre toute attente, de les donner.

Les Autrichiens craignent une négociation difficile car ils sont loin d'être en position de force après les désastres de la campagne d'Italie et la fatigue de l'opinion publique, désormais favorable à la paix après presque cinq années de guerre. Un moment séduits par l'idée de relancer les hostilités, après leurs derniers succès en Allemagne, ils finissent par entrer, après les victoires de l'Armée d'Italie, dans le dernier processus qui va mener à la paix en Europe.

Le proconsul milanais

Bonaparte dépêche, dès le début des pourparlers avec les Autrichiens, une série de courriers pour arrêter les armées du Rhin. Il prend soin – son génie de la propagande se révèle là une fois encore – de s'assurer que l'annonce de la paix est faite avant même que Barras n'ait pu prendre connaissance des conditions… De retour à Milan, Bonaparte continue son expérience du pouvoir politique. Il commence par réorganiser l'armée et demande aux habitants de la ville une contribution de 20 millions…

Si les soldats, désormais repus et reposés, acceptent tant bien que mal la discipline restaurée du temps de paix, il n'en est pas de même pour ses généraux : Masséna pille le Banco di San-Ambrogio, Berthier, Kilmaine ou Baraguay-d'Hilliers se vautrent dans les lits des belles marquises et des comtesses milanaises.

Installé à Monbello, dans le palais des Crivelli, Bonaparte, qui a retrouvé, pour sa part, Joséphine, goûte quelque temps au repos du guerrier. Il y donne des fêtes, où diplomates étrangers, écrivains, penseurs, poètes de toute l'Italie encensent leur libérateur. Le proconsul Bonaparte traite d'égal à égal avec le pape qui lui remet Avignon et le Comtat venaissin, sans oublier de verser une nouvelle indemnité de 20 millions. Cette fois, plus politique que soldat, Bonaparte jette les bases de la république Cisalpine et se justifie ainsi auprès du Directoire : *« Pour le bonheur du peuple, il faut en Italie une unité de pensée*

Ci-contre, à gauche.
Venise.
Les troupes françaises procèdent à l'appropriation républicaine des chevaux de la place Saint-Marc sous les huées de la foule…
(Gravure du XIXe siècle, La France militaire, collection particulière, droits réservés)

Ci-contre, à droite.
Le général en chef Bonaparte reçoit, à son quartier-général, un plénipotentiaire autrichien. La signature de l'armistice est proche.
(Gravure du XIXe siècle, collection particulière, droits réservés)

Ci-dessous.
« Qui payera l'écot ? Tais-toi ! C'est la république de Venise. »
Gravure coloriée anonyme, ironisant sur le sort réservé à La Sérénissime par les deux signataires du traité de Campo Formio…
(Bibliothèque Nationale de Paris)

militaire, diplomatique et financière ». Parallèlement, il tente de persuader – en vain – les Valaisans de concéder une route vers la France, par le Simplon. Le refus des Helvètes lui donne l'idée d'une intervention en Suisse. Les Génois, en déclarant eux-mêmes leur république, lui ôtent la possibilité de s'emparer du port pour le compte de la République française.

En mai 1797, sans en avertir Paris, Bonaparte déclare la guerre à la Sérénissime république de Venise, après le massacre de la garnison française de Vérone. Il la gagne, bien sûr. Des dépouilles de Venise, il récupère les îles Ioniennes pour dialoguer avec les Ottomans et offre au Directoire la possibilité de s'emparer de Malte, verrou de la Méditerranée.

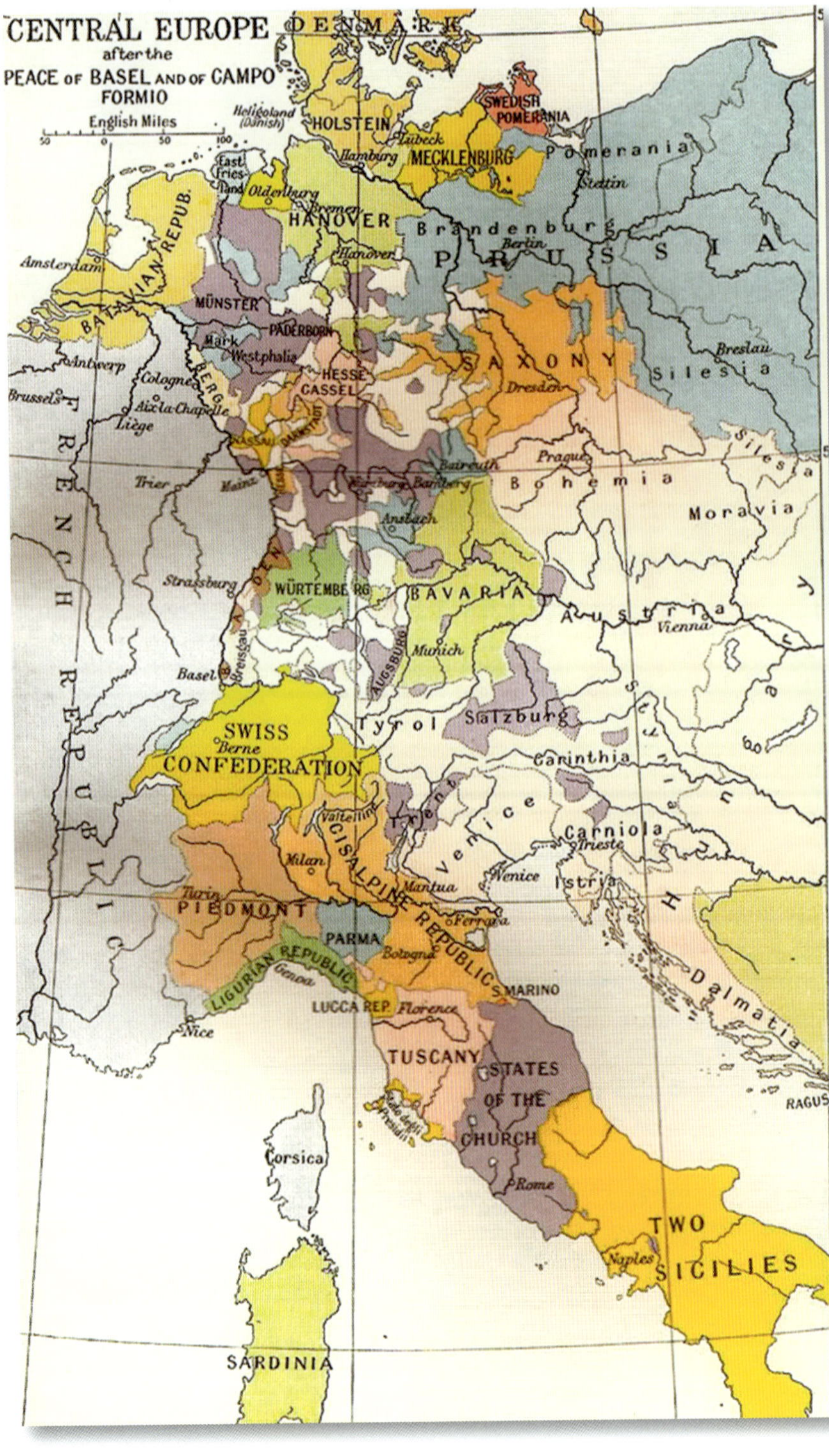

Le centre de l'Europe et la péninsule italienne après les traités de Campo Formio et Bâle sur unecarte dans un manuel anglais du début du XXe siècle. *(Collection particulière)*.

Il songe déjà à l'Orient…

Le coup d'État du 18 fructidor

Les élections de mars-avril en France portent une majorité royaliste aux assemblées. Et la nouvelle « cohabitation » entre les Directeurs et les assemblées, loin d'être sereine, paralyse l'exécutif. Abandonnée par l'Autriche, accablée par ses marins mutins, menacée par la révolte irlandaise, l'Angleterre reprend les pourparlers, à Lille, avec les envoyés du Directoire. Les Français demandent à recouvrer leurs colonies, mais le premier ministre Pitt reste intransigeant, profitant de la situation explosive dans la capitale française.

À Paris, les tensions sont terribles, la droite royaliste s'en prend à Hoche, puis à Bonaparte, généraux trop indépendants, trop riches, trop dangereux… Le climat ne favorise pas les négociations, ni à Lille, ni à Udine et une mauvaise politique, toute faite de trahisons, de compromissions et d'alliances secrètes, minent le pouvoir et son exercice.

Bonaparte, par hasard, à Venise, découvre les preuves d'un futur coup d'État royaliste visant à renverser le Directoire.

Le général envoie Augereau à Paris pour sauver la République. Le 18 fructidor – le 4 septembre 1797 – les soldats de ce dernier occupent les assemblées et arrêtent les chefs contre-révolutionnaires.

Le traité de Campo-Formio

Le Directoire négocie séparément la paix, à Lille, avec l'Angleterre et, en Italie avec l'Autriche. Les Directeurs ne sont pas unanimes sur les buts à atteindre et les concessions à faire ; tout oppose les « révolutionnaires » La Revellière et Reubel à Carnot et Barthélémy, plus proches de l'opposition catholique et royaliste. Barras, à son habitude, louvoie et ménage les deux camps. En juillet, Talleyrand devient ministre des relations extérieures. Pendant ce temps, Bonaparte et Clarke discutent avec Coblenz à Udine et Passériano où est signé, le 17 octobre 1797, le traité de paix. Les discussions sont complexes et font l'objet de nombreuses conférences, tractations et réticences.

Le traité est définitivement daté de Campo Formio, après une ultime discussion portant sur des détails mineurs.

Ce décret comporte 25 articles et statue sur les terres perdues ou gagnées

La France obtient, au final, la Belgique, les îles du Levant (Corfou, Zante, Céphalonie, Sainte-Maure, Cerigo, etc.).

La République Cisalpine est reconnue par les Autrichiens. Elle regroupe en son sein la Lombardie, le Mantouan, le Bressan, la partie de

Les généraux français découpent l'Europe. Disposant à leur gré des ressources des pays conquis sans rendre aucun compte, les généraux prêtent le flanc à la critique ; Hoche est accusé de posséder une caisse noire pour préparer un coup d'État et Bonaparte de ne pas servir les intérêts de la République, mais bien les siens propres. *(Gravure d'après Monsalvy, collection particulière)*

la Vénétie jusqu'à la ligne de l'Adige. La Cispadane, le Modenais, Massa et Carrare rejoignent la nouvelle république italienne.

L'Autriche étend sa main sur l'Istrie, la Dalmatie, Venise et la Terra Ferma (jusqu'à la ligne de l'Adige). Les îles de l'Adriatique, les bouches de Cattaro lui échoient. Cet échange met fin à la république de Venise, après plus de mille ans d'existence.

Mais le décret contient aussi 17 conventions secrètes, dont plusieurs donnent à la France la rive gauche du Rhin, l'évêché de Salzbourg et une partie de la Bavière. La Prusse garde, pour sa part, ses possessions de la rive gauche du Rhin.

Le traité de Campo-Formio met fin à la guerre que l'Autriche mène à la France depuis 1793.

La naissance de Bonaparte…

Cette première campagne d'Italie, qui, rappelons-le, ne devait être qu'une campagne de diversion, aura permis à un jeune et talentueux général de se révéler. Il a suffi à Napoléon Buonaparte d'accéder à un premier grand commandement pour changer la face de l'Europe et devenir l'un des généraux les plus célèbres et les plus aimés de la Révolution. L'immense popularité qu'il a acquise en France fait de lui un personnage incontournable, plus assoiffé encore de pouvoir que d'argent comme ses séjours milanais l'ont prouvé. Bonaparte, à moins de trente ans, est déjà ce fin connaisseur des faiblesses des hommes en général et des politiques en particulier – les plus véreux diraient certains observateurs. *« Dès lors, j'ai prévu ce que je pourrai devenir. Je voyais déjà le monde fuir sous moi, comme si j'étais emporté dans les airs… »*

Clarke, qui pensait trouver en Italie un général de petite envergure, à l'image de bon nombre d'officiers généraux de la République, a brossé de lui un portrait flatteur : *« Il n'y a personne ici qui ne le regarde comme un homme de génie. Il a un grand ascendant sur les individus qui composent l'armée républicaine. Ses résolutions sont suivies par lui avec énergie et vigueur. »* […] *« son sang-froid dans les affaires les plus vives est aussi remarquable que son extrême promptitude à changer ses plans lorsque les circonstances imprévues le commandent. »*

et celle d'une armée nouvelle

Les soldats de la République suivent, souvent aveuglément, leurs généraux tout en conservant un vif attachement à la Révolution. Ils estiment de leur droit, de leur devoir, de la protéger des « pékins », toujours prêts à la trahir. Un nouveau général comme Bonaparte exerce sur ces hommes un ascendant extraordinaire. En effet, depuis l'an II, le soldat de la Révolution était passé de l'état de soldat citoyen qui élisait ses officiers et participait à la justice militaire à celui de soldat professionnel soumis à la terrible discipline de la ligne.

Ces soldats du Directoire aiment « la guerre et ses aventures » qui les distinguent du reste de la nation et, loin de leur foyer, en pays étranger, ils se tournent naturellement vers leur chef.

Cette fidélité à Bonaparte, comme aux autres généraux de la Révolution, exclut toutefois tout désir réel de fomenter un coup d'État pour leur compte. Ceux du 18 brumaire, ou du 18 fructidor, sont menés à bien à l'appel de la bourgeoisie.

Le général Clarke est envoyé par le Directoire pour « surveiller » Bonaparte. *(Collection particulière, droits réservés)*

6 les Français à Arcole et Rivoli

Le général Masséna.
(Collection particulière, droits réservés)

Le général Rampon.
(Wikimedia, droits réservés)

Le général Brune.
(Collection particulière, droits réservés)

Les Guides de Bonaparte

C'est en 1795 que la compagnie de guides à cheval de l'Armée d'Italie prend un habillement « à la hussarde ». Mais c'est après l'épisode malheureux de Vallégio où le jeune général en chef manqua de se faire capturer, que Bonaparte décide de réorganiser ses guides chargés de la protection de son quartier général. Le 5 juin 1796, le vert est définitivement adopté comme couleur de l'uniforme.

C'est le 25 septembre que les guides à pied et à cheval sont définitivement organisés. On trouve alors, sur les rôles de l'escadron, un commandant chef d'escadron, un capitaine, un lieutenant, deux sous-lieutenants, un maréchal des logis, huit brigadiers, deux maréchaux-ferrants, deux bourreliers, un sellier, 136 guides et une musique. Ils seront 151 cavaliers avant Arcole. Le commandement des guides revient au capitaine Bessières, dès le 5 juin 1796.

Après Rivoli, chaque régiment de cavalerie de l'Armée d'Italie fournit des cavaliers pour augmenter l'effectif des guides. C'est ainsi que, le 30 mai, des artilleurs viennent rejoindre les guides à pied et les guides à cheval. Les effectifs passent, au cours de l'année 1797, à quatre escadrons de guides à cheval.

Les guides se battent à Arcole, puis à Rivoli et La Favorite.

Le 3 août 1796, à Salo, Junot, avec ses 25 guides, est dégagé par l'intervention du 15e dragons.

Le 4 septembre, à Roveredo, Bessières, à la tête de six guides, s'empare de deux canons, il est nommé chef d'escadron le jour même.

À Arcole, le sous-lieutenant de couleur, né dans les Antilles, Hercule Domingue, avec une trentaine de cavaliers, est l'auteur de la charge de diversion sur les arrières de l'ennemi, sur la rive gauche de l'Apone. Il est fait capitaine au soir de la bataille. Après Rivoli, c'est Bessières qui apporte aux Directeurs les onze drapeaux pris aux Autrichiens.

Les grenadiers et les carabiniers

Dans cette armée d'Italie, chaque bataillon avait huit compagnies de fusiliers et une de grenadiers, ou de carabiniers pour la légère.

Au commencement, les fusiliers sont des volontaires, puis ils intègrent les réquisitionnaires de la levée en masse. Les grenadiers, pour leur part, sont choisis parmi les meilleurs. C'était une distinction recherchée, preuve de qualités au combat poussées au maximum pour ceux qui se voyaient attribuer une arme d'honneur. Pour les officiers, les critères sont les mêmes et les cadres des grenadiers, ainsi que leurs sous-officiers, sont choisis avec soin. Ils forment l'élite des bataillons.

Les généraux et Bonaparte ont très vite mis sur pied des bataillons de grenadiers réunis. Ces formations sont utilisées comme troupes de choc. Bonaparte, plus tard, entérinera cette pratique en formant les fameux grenadiers, carabiniers et voltigeurs réunis qui seront confiés à Oudinot.

En Italie, huit bataillons d'élite sont ainsi formés avec les compagnies d'élite associées.

Le 1er bataillon, chez Sérurier, avec les compagnies des 45e et 69e demi-brigades.

Le 2e, chez Masséna, à partir des compagnies des 25e et 32e demi-brigades.

Le 3e bataillon, chez Augereau, avec les compagnies des 4e et 18e demi-brigades.

Cavalier et trompette (vu de dos) des guides du général en chef de l'armée d'Italie.
(Carte des collections du commandant Bucquoy, collection particulière)

Bonaparte et son état-major

Commissaire des guerres
en grande tenue.

Bonaparte en tenue de général en chef.

Adjudant-général
en tenue de campagne.

Aide de camp du général en chef.

Guide à cheval de l'Armée d'Italie
en tenue des guides-hussards.

La division Masséna

Cavalier du 1er régiment de cavalerie.

Le général de division Masséna en tenue de campagne.

Cavalier du 15e régiment de dragons.

Officier des grenadiers de la 18e demi-brigade de ligne.

Chasseur de la 18e demi-brigade légère.

Grenadier de la 32e demi-brigade de ligne.

Tambour des fusiliers de la 32e demi-brigade de ligne.

Fusilier de la 25e demi-brigade de ligne.

La division Joubert

Officier supérieur de la 33e demi-brigade de ligne.

Le général de division Joubert.

Grenadier de la 85e demi-brigade de ligne.

Grenadier de la 39e demi-brigade de ligne.

Chasseur de la 4e demi-brigade légère.

Fusilier de la 14e demi-brigade de ligne.

Carabinier de la 29e demi-brigade légère

Sapeur de la 22e demi-brigade légère.

Les généraux de la République. L'habit est brodé « dans son entier » pour les généraux en chef. Les divisionnaires et les généraux de brigade ne conservent leurs broderies que sur le collet, les parements et les poches ; le brigadier n'ayant droit qu'à un simple rang de broderie. *(Gravure du XIXe siècle, collection particulière, droits réservés)*

Le 4e bataillon, chez La Harpe, est formé avec les compagnies des 51e et 75e demi-brigades. Il est placé sous les ordres directs de Hulin.

Le 5e bataillon est formé avec les compagnies de la 85e demi-brigade.

Le 6e bataillon est monté avec les compagnies des 12e, 14e, 22e, 51e, 52e demi-brigades et de la 55e de première formation.

Le 7e bataillon est formé avec les compagnies de la 39e demi-brigade.

Le 8e bataillon est formé avec les compagnies de la 57e demi-brigade.

Pour les carabiniers de la légère

Le 1er carabiniers, avec Croizier, est formé avec les compagnies des 11e et 17e légères. Fabre commande le 1er bataillon de carabiniers. il est issu de la 11e légère. Le bataillon est à l'avant-garde sous les ordres de Dallemagne. Fabre et ses fantassins sont engagés à Cosseria et Vérone. Laissé pour mort à La Corona, il est pris puis libéré le 4 septembre suivant. Il se bat, à la tête de son bataillon, au Tyrol avec la 14e demi-brigade légère.

Le 2e bataillon de carabiniers est formé des compagnies issues des 27e et 29e demi-brigades légères. Le bataillon se bat avec Dupas.

Le 3e bataillon de carabiniers est formé des compagnies issues des 3e et 4e légères.

Le 4e bataillon est dévolu à la protection du quartier général.

DIVISION MASSÉNA

Brigade Rampon, Brigade Brune, Brigade Ménard

La 18e demi-brigade de ligne

Elle est formée avec des fantassins provenant de :

- 3e bataillon de la 180e demi-brigade de première formation, elle-même formée des 7e bataillon de volontaires de Haute-Saône, 2e bataillon de volontaires du Lot et Garonne, 6e bataillon de volontaires de Paris.

- 200e demi-brigade de première formation, elle-même constituée des 3e bataillon de volontaires du Jura, 6e bataillon de volontaires de l'Ain, 7e bataillon de volontaires de Haute-Saône et les grenadiers de la Côte d'Or.

- 2e bataillon de la 102e demi-brigade de première formation, constituée des 6e bataillon de volontaires de Haute-Saône ; 2e bataillon de volontaires de Lot et Garonne.

- 12e demi-brigade provisoire : 5e, 6e 7e bataillons de volontaires de l'Hérault (en Italie en 1795).

Fabry rajoute, quant à lui, les :

- 2e et 3e bataillons de la 6e demi-brigade légère de première formation constituée des 6e bataillon de chasseurs bretons, 8e bataillon de volontaires du Calvados, 4e bataillon de volontaires de Saône-et-Loire.

- Le bataillon d'Apt.

Le général de division Joubert. *(Google Art Project, droits réservés)*

La 25e demi-brigade de ligne

Elle est formée, le 10 ventôse an IV (29 février 1796), avec les :

- 84e demi-brigade de première formation : 2e bataillon du 42e régiment d'infanterie *(ci-devant Limousin)*, 2e bataillon de volontaires du Cantal et 4e bataillon de volontaires de Rhône-et-Loire.

- 101e demi-brigade de première formation : 1er bataillon du 51e régiment d'infanterie *(ci-devant La Sarre)*, 3e et 6e bataillons de volontaires des Bouches-du-Rhône.

- 1re demi-brigade provisoire de première formation : 1er ou 2e bataillon de volontaires de l'Ariège, 7e bataillon de volontaires de la Haute-Garonne, 9e bataillon de volontaires de la Drôme.

- 3e compagnie de grenadiers de la 26e demi-brigade de première formation.

Le général Suzane cite aussi le 1er bataillon de la 13e demi-brigade de première formation et les 1ers bataillons des volontaires du Jura et du Doubs.

Les habits blancs proviennent du régiment de Bassigny.

La 32e demi-brigade de ligne

Elle est formée, le 25 ventôse an IV (15 mars 1796), avec les :

- 21e demi-brigade de première formation : 1er bataillon du 11e régiment d'infanterie *(ci-devant La Marine)*, 2e bataillon de volontaires du Var et 1er bataillon de volontaires de la Haute-Garonne).

- 118e demi-brigade de première formation : 2e bataillon du 59e régiment d'infanterie *(ci-devant*

La division Augereau

Le général de division Augereau.

Porte-drapeau de la 51ᵉ demi-brigade de ligne avec l'emblème de la 99ᵉ demi-brigade de bataille (probablement celui saisi par le général Bonaparte au pont d'Arcole).

Fusilier de la 4ᵉ demi-brigade de ligne.

Fusilier de la 57ᵉ demi-brigade de ligne en habit blanc de la 83ᵉ de bataille.

Sergent des carabiniers de la 5ᵉ demi-brigade légère.

Tambour-major de la 40ᵉ demi-brigade de ligne.

La division Rey

Porte-drapeau de la 11e demi-brigade légère.

Brigadier du 8e régiment de dragons.

Caporal fourrier des grenadiers de la 58e demi-brigade de ligne.

Officier de la 12e demi-brigade légère.

Gendarme en tenue de service à pied.

Bourgogne), 2e bataillon de volontaires de la Drôme et 3e ou 5e bataillon de volontaires de l'Isère.

- 129e demi-brigade de première formation : 1er bataillon du 70e régiment d'infanterie *(ci-devant Médoc)*, 1er bataillon de volontaires de l'Hérault et 2e bataillon de volontaires de l'Hérault.

- 3 compagnies de grenadiers de la 80e demi-brigade de première formation : 2e bataillon du 40e régiment d'infanterie *(ci-devant Soissonnais)*, 1er bataillon de volontaires de la Haute-Saône et 3e bataillon de volontaires du Haut-Rhin.

La 32e a contribué à pacifier la Vendée avec Hoche et va rejoindre l'armée d'Italie sous Masséna où elle va s'illustrer à Arcole, Rivoli et Mantoue.

Dans la division Masséna, elle est la demi-brigade d'élite qui décide souvent de la victoire.

La 75e demi-brigade de ligne

Elle est formée, le 26 ventôse an IV (16 mars 1796), avec les :

- 70e demi-brigade de première formation : 2e bataillon du 35e régiment d'infanterie *(ci-devant Aquitaine)*, 1er bataillon de volontaires des Landes et 1er bataillon de volontaires de l'Ardèche).

Fantassins français d'une demi-brigade d'infanterie de ligne : grenadier et porte-drapeau.
(Gravure du XIXe siècle, collection particulière, droits réservés)

- 117e demi-brigade de première formation : 1er bataillon du 59e régiment d'infanterie *(ci-devant Bourgogne)*, 1er bataillon de volontaires de la Haute-Loire et 2e bataillon de volontaires de la Côte-d'Or. Suzane y place aussi le 2e bataillon de volontaires de la Côte d'Or et le 1er bataillon de volontaires de Haute-Loire.

- 152e demi-brigade de première formation : (2e bataillon du 81e régiment d'infanterie *(ci-devant Saintonge)*, ou 2e du 82e, 7e bataillon de volontaires de la Marne et 6e bataillon de volontaires du Bas-Rhin.

- 1re compagnie de grenadiers de la 26e demi-brigade de première formation : 2e bataillon du 13e régiment d'infanterie *(ci-devant Bourbonnais)*, 4e bataillon de volontaires de la Manche et 9e bataillon de volontaires de Seine-et-Oise.

La 18e demi-brigade de ligne

Elle est formée, le 15 prairial an IV (4 février 1796), à Albenga, avec les :

– 2e ou 3e bataillon de la 45e demi-brigade de première formation : 1er bataillon du 23e régiment d'infanterie *(ci-devant Royal)*, 1er bataillon de volontaires des Basses-Alpes et 1er bataillon de volontaires de la Lozère.

– 69e demi-brigade de première formation : 1er bataillon du 35e régiment d'infanterie *(ci-devant Aquitaine)*, 1er bataillon de volontaires des Hautes-Alpes et 3e bataillon de volontaires de la Drôme.

– 211e demi-brigade de première formation : 2e bataillon de volontaires de la Haute-Loire, 4e bataillon de volontaires de l'Ardèche et 5e bataillon de volontaires de la Corrèze.

– 5e demi-brigade provisoire de première formation : 1er bataillon de volontaires du Mont-Blanc, 1er bataillon des grenadiers des Basses-Alpes et 5e bataillon de volontaires de l'Ardèche.

– 6e demi-brigade provisoire de première formation : 4e bataillon de volontaires du Tarn, 5e bataillon de volontaires du Lot et 8e bataillon de volontaires de la Haute-Garonne.

– 1er bataillon de grenadiers de Paris.

– 3e bataillon de volontaires des Côtes-du-Nord.

Pour Fabry, Pascal et Suzanne la demi-brigade serait formée, entre autres, d'un bataillon du 17e régiment d'infanterie *(ci-devant Auvergne)* et du 2e bataillon du 9e régiment d'infanterie *(ci-devant Normandie)*.

LA DIVISION JOUBERT

Brigade Vial, Brigade Mayber, Brigade Lebley

La 4e demi-brigade légère

Elle est formée, le 21 germinal an IV (10 avril 1796), avec les :

- 8e demi-brigade légère de première formation : 8e bataillon de chasseurs *(ci-devant des Vosges)*, 1er

Le général Rey.
(Gravure du XIXe siècle, collection particulière, droits réservés)

Carabinier d'une demi-brigade d'infanterie légère.
(Gravure du XIXe siècle, collection particulière, droits réservés)

bataillon de volontaires du Cantal et 2e bataillon de la légion de la Moselle).

- 1er bataillon de la 52e demi-brigade de première formation : 22e bataillon de chasseurs (plus connu sous le nom de légion de Rosenthal ou légion Germanique), 1er bataillon de chasseurs de la Neste (aussi appelé 1er bataillon de Miquelets de la Neste) et 5e bataillon de volontaires des Hautes-Pyrénées (appelé parfois 2e bataillon de volontaires d'Argelès).
- 5e bataillon de volontaires de l'Isère.
- 1er bataillon de volontaires de la Charente.
- Le Bataillon de Nyons.

Pour le général Suzanne, on trouve le 1er bataillon de la 52e demi-brigade de première formation : 2e bataillon de la 26e demi-brigade légère (sic) ; 2e bataillon de volontaires du Vaucluse, 5e bataillon de volontaires du Rhône, 2e bataillon de volontaires de la Montagne d'Aix.

La 17e demi-brigade légère

Sa formation, assez complexe *(d'après l'historique de la 17e demi-brigade)* date du 10 avril 1796, avec les :

- 1re demi-brigade légère de première formation : 1er bataillon des chasseurs du Hainaut, 3e et 4e compagnies de la Meuse, 9e et 10e bataillons de volontaires du Nord, 8e bataillons de volontaires de la Gironde, 1er bataillon des Vengeurs (éléments de compagnies venant de Béziers, du Lot, de Haute-Garonne, de l'Aude, du Tarn et du Var).
- 1er bataillon de la 32e demi-brigade légère de première formation (100 hommes) : 5e bataillon de volontaires des Bouches du Rhône, 2e bataillon de volontaires du Vaucluse, 6e corps franc d'Arras.

2e bataillon bis du 4e chasseurs francs du Nord (compagnies venant de Saône et Loire, de la Charente, 2 dites du Mormal et une de l'Indre), 1er chasseurs du Hainaut (Namur).

Bataillon d'infanterie légère : 1er bataillon de volontaires des Alpes maritimes, 1er bataillon de volontaires du Var, 1er bataillon de volontaires de Marseille ; 1er bataillon de volontaires de la Drôme, quatre compagnies Corses (Sussini, Guibego, Subrini, Leoni).

- 1er bataillon de la 52e demi-brigade de ligne (20 novembre 1796).

8e et 9e bataillons provisoires de la 4e demi-brigade de ligne de première formation : 1er et 2e bataillons de volontaires de l'Aude, 5e bataillon de volontaires du Rhône, 3e bataillon de volontaires du Vaucluse, 4e et 5e bataillons de volontaires du Mont-Blanc, 1er bataillon de volontaires de Haute-Loire, 2e bataillon de volontaires d'Aix.

- Bataillon des Alpes Maritimes.
- 1er bataillon de volontaires de Haute-Loire.
- 1er bataillon de volontaires du Puy de Dôme.
- 1er bataillon de volontaires de Var.
- 1er bataillon de volontaires d'Ardèche.
- 1er bataillon de volontaires du Rhône.
- 1er bataillon des chasseurs Basques.
- Compagnie des Basses-Alpes.
- Compagnie du Gard.
- Compagnie du Var.

Les effectifs de ces diverses compagnies, arrivées en renfort, sont probablement modestes.

La 22e demi-brigade légère

Formée avec les :

- 16e demi-brigade légère de première formation : 16e bataillon de chasseurs corses, 1er bataillon de volontaires de l'Aveyron, 8e bataillon de volontaires de l'Isère.
- 3e bataillon de la 52e demi-brigade de première formation : 2e bataillon de volontaires du Vaucluse, 5e bataillon de volontaires des Bouches du Rhône, 2e bataillon des requis d'Aix.
- 11e bataillon de volontaires de l'Ain.
- 5e bataillon de volontaires des Alpes.
- 1er bataillon des Vengeurs.

La 26e demi-brigade légère

Formée le 11 juin 1796 avec les :

- 16e bis demi-brigade légère de première forma-

La colonne mobile du général Lannes

Canonnier de la Légion Lombarde.

Grenadier de la Légion lombarde.

Fusilier de la Légion lombarde.

Chasseur à cheval de la légion lombarde.

Chasseur de la 27e demi-brigade de légère dans sa tenue de la Légion des Allobroges.

Fusilier de la 19e demi-brigade de ligne.

Le général de division Lannes.

Grenadier de la 20e demi-brigade de ligne.

tion : 1er bataillon de volontaires de la Meuse, 4e bataillon de volontaires du Nord, et les chasseurs du Rhin.

- 17e bis demi-brigade légère de première formation : 1er bataillon de volontaires de la Légion des Alpes, 2e bataillon de volontaires de l'Allier, 9e bataillon de volontaires de l'Ain.

En Italie, le 9 mars 1797, avec Baraguey d'Hilliers au Tyrol (Brigade Pijon avec la 12e).

Roguet critique la 33e demi-brigade : « [...] *Le chef Almain était un grand parleur de club ou de tribune, nullement militaire, ayant toujours un motif pour ne pas paraître devant l'ennemi. Un nommé Tromentel, poète à ses heures, a écrit"* Le dégoût du métier" *poussant à l'insubordination* [...]. »

La 29e demi-brigade légère

Formée avec les :

- 18e demi-brigade légère de première formation : un bataillon de volontaires du Mont-Blanc, 3e bataillon de volontaires du Vaucluse, chasseurs Corses.

- 2e et 3e bataillons de la 6e demi-brigade légère de première formation : chasseurs Bretons, 8e bataillon de volontaires du Calvados, 4e bataillon de volontaires de Saône et Loire.

- Demi-brigade de Haute-Saône : 7e bataillon de volontaires de Saône et Loire, 9e et 10e bataillons de volontaires de Haute-Saône (700 hommes qui rejoignent le 2 décembre 1796).

- Éléments de l'ancien régiment d'Île de France.

- 1er bataillon d'Apt (Bouches-du-Rhône).

Portraits de jeune fantassin volontaire et de vétéran de l'armée d'Italie. La légende passe aussi par ce type d'œuvre. Ce sont ces mêmes va-nu-pieds qui vont se révéler les meilleurs des guerriers, courageux, fidèles, tenaces et, surtout, endurants : la division Masséna va parcourir 100 km et participer à trois batailles en quatre jours. *(Esquisses d'Édouard Detaille, collection particulière, DR)*

La 14e demi-brigade de ligne

Elle est formée, le 16 germinal an IV (5 avril 1796), avec les :

- 29e demi-brigade de première formation : 1er bataillon du 15e régiment d'infanterie *(ci-devant Béarn)*, 4e bataillon de volontaires de la Sarthe et 14e bataillon des Fédérés Nationaux.

- Demi-brigade de la Seine-Inférieure : 9e bataillon de volontaires de la Seine-Inférieure, 10e bataillon de volontaires du Calvados et 10e bataillon de volontaires du Pas-de-Calais.

Pour Suzanne elle est formée du 2e bataillon du 7e régiment d'infanterie *(ci-devant Champagne)* et des 1er et 2e bataillons de volontaires du Gard.

La demi-brigade arrive en Italie le 16 novembre 1796.

La 33e demi-brigade de ligne

Elle est formée, le 18 nivôse an IV (8 janvier 1796), avec les :

- 10e demi-brigade de première formation : 2e bataillon du 5e régiment d'infanterie *(ci-devant Navarre)*, 1er et 2e bataillons de volontaires d'Indre-et-Loire.

- 90e demi-brigade de première formation : 2e bataillon du 45e régiment d'infanterie *(ci-devant La Couronne)*, 4e bataillon de volontaires du Nord (ou de Lille), 8e bataillon des Fédérés nationaux.

- 1er bataillon du 110e régiment d'infanterie *(ci-devant Port-au-Prince)*. Ce régiment non amalgamé devait former le noyau de la 195e demi-brigade de première formation ou, selon Suzanne, les :

- 1er bataillon du 110e régiment d'infanterie avec le 2e bataillon du 55e régiment *(ci-devant Condé)* et les 7e et 8e bataillons de volontaires de la Meurthe.

- 5e bataillon de volontaires de la Sarthe.

De récentes recherches citent la possibilité de trouver aussi le 2e bataillon de la 11e demi-brigade légère de deuxième qui comprenait les 3e bataillon de chasseurs (*ci-devant Royaux-Corses*), 2e bataillon de chasseurs révolutionnaires, 4e bataillon de volontaires des Hautes-Alpes également appelé 1er bataillon de chasseurs des Alpes et le Bataillon de chasseurs des Hautes-Alpes.

La 33e arrive à Milan, le 6 septembre 1796, puis est envoyée à Vérone avant de venir au-dessus de Rivoli, le 2 frimaire. Elle est alors sous les ordres du général Joubert.

La 39e demi-brigade de ligne

Elle est formée, le 22 vendémiaire an IV (14 octobre 1795) avec les :

- 46e demi-brigade de première formation : 2e bataillon du 23e régiment d'infanterie *(ci-devant Royal)*, 4e et 6e bataillons de volontaires de l'Isère.

- 121e demi-brigade de première formation : 1er bataillon du 61e régiment d'infanterie (*ci-devant Vermandois*), 1er bataillon de volontaires de l'Union

Les canonniers

Officier de l'artillerie légère
en grande tenue.

Brigadier de l'artillerie légère
en tenue de campagne.

Conducteur
des charrois.

Officier d'artillerie
à pied.

Canonnier
à pied.

Sapeur
de première classe.

Grenadier d'une demi-brigade d'infanterie de ligne. *(Gravure d'Édouard Detaille, collection particulière, droits réservés)*

(Bouches du Rhône) et 7e bataillon de volontaires du Var.

- 4e bataillon de volontaires des Basses-Alpes.
- 10e bataillon de volontaires de l'Ain.

On y trouverait aussi probablement des éléments du 1er bataillon de tirailleurs et du 1er bataillon de volontaires parisiens.

Elle est avec Sérurier et Masséna à Rivoli.

La 85e demi-brigade de ligne

Elle est formée, le 1er messidor an IV (19 juin 1796), avec les :

- 56e demi-brigade de première formation : 2e bataillon du 28e régiment d'infanterie *(ci-devant Maine)*, 2e bataillon de volontaires de l'Ariège et 2e bataillon de volontaires de l'Aveyron.
- 104e demi-brigade de première formation : 2e bataillon du 52e régiment d'infanterie *(ci-devant La Fère)*, 1er bataillon de volontaires de la Corse et 1er bataillon de volontaires de la Nièvre.
- 113e demi-brigade de première formation : 1er bataillon du 57e *(ci-devant Beauvoisis)* ou 51e (?) régiment d'infanterie, 6e bataillon de volontaires des Landes et 6e bataillon de volontaires de Lot-et-Garonne.
- 1er et 2e bataillons de la 209e demi-brigade de première formation : 1er bataillon de volontaires de la Drôme, 1er bataillon de volontaires de l'Aude et 1er bataillon de volontaires de l'Isère.

1er bataillon de volontaires de Maine-et-Loire.

8e bataillon de volontaires de Saône-et-Loire.

Le 3e bataillon de la demi-brigade, lors de la suite de la campagne, se conduit mal ; il est licencié et ses hommes sont répartis dans les autres unités.

DIVISION REY

La 58e demi-brigade de ligne

Elle est formée, le 1er vendémiaire an V (22 septembre 1796), avec les :

- 67e demi-brigade de première formation : 1er bataillon du 34e régiment d'infanterie *(ci-devant Angoulême)*, 2e bataillon de volontaires de Paris, 11e bataillon de volontaires de la Manche.
- 197e demi-brigade de première formation : 1er bataillon du 111e régiment d'infanterie *(ci-devant*

Ci-dessous.
Les canonniers gardent l'équilibre en se tenant par la taille, par les deux pommes saillantes aux extrémités et les deux marchepieds faisant toute la longueur du coffre. La moitié des canonniers en avant se positionne dans un sens de la marche, tandis que l'autre moitié dans le sens inverse. Le coffre de petite taille devait accueillir jusqu'à huit canonniers montés dessus, faisant ainsi l'économie de chevaux. Le caisson Wurst dispose d'un toit arrondi recouvert de cuir et bourré de crin pour une assise confortable.
(Dessins Ludovic Letrun)

Île de Bourbon), 2e bataillon de volontaires de la Seine-Inférieure et 7e bataillon de volontaires de la Somme.

- 2e bataillon du 92e régiment d'infanterie *(ci-devant Walsh)*. Le régiment, non amalgamé, forme le noyau de la 168e demi-brigade de première formation.
- 2e bataillon du 111e régiment d'infanterie *(ci-devant Île de Bourbon)* Le régiment, non amalgamé, forme le noyau de la 198e demi-brigade de première formation.
- 1er bataillon provisoire des Côtes-de-Brest.
- 4e bataillon de volontaires de la Gironde.

La 11e demi-brigade de légère

Elle est formée, le 11 frimaire an V (1er décembre 1796), avec les:

- 3e demi-brigade légère de première formation: 3e bataillon de chasseurs *(ci-devant Royaux-Corses)*, 2e bataillon de chasseurs révolutionnaires, 4e bataillon de volontaires des Hautes-Alpes (connu aussi sous le nom de 1er bataillon de chasseurs des Alpes).
- Bataillon de chasseurs des Hautes-Alpes.

Pascal cite, pour sa part, la présence du 11e bataillon des chasseurs des Ardennes, le 6e bataillon de volontaires de la Drôme et un bataillon de volontaires du Doubs.

La 12e demi-brigade légère

Formée, le 9 pluviôse an IV (29 janvier 1796), avec les:

- 2e demi-brigade légère de première formation: 2e bataillon de chasseurs *(ci-devant Royal Dauphiné)*, 2e bataillon de volontaires de l'Isère et 1er bataillon franc de la République.
- 1er bataillon de la 2e demi-brigade provisoire de première formation: 1er et 2e bataillons des

Général de division et aide de camp en 1796. La relative sobriété de l'uniforme de l'aide de camp, toujours très proche de celui des réglementations de 1786, contraste avec la richesse de la tenue de son général. Le brassard rouge, noué au bras gauche, est à la couleur distinctive du général de division; le bleu est attribué aux généraux de brigade. *(Gravure d'après Phillipoteaux, collection de l'auteur)*

Le caisson Wurst

Les pièces d'artillerie

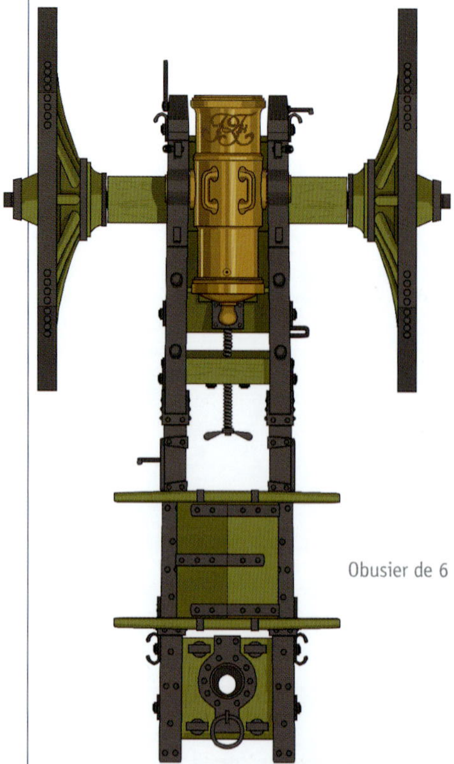

Obusier de 6 pouces.

Pièces de 4 livres
sur son avant-train.

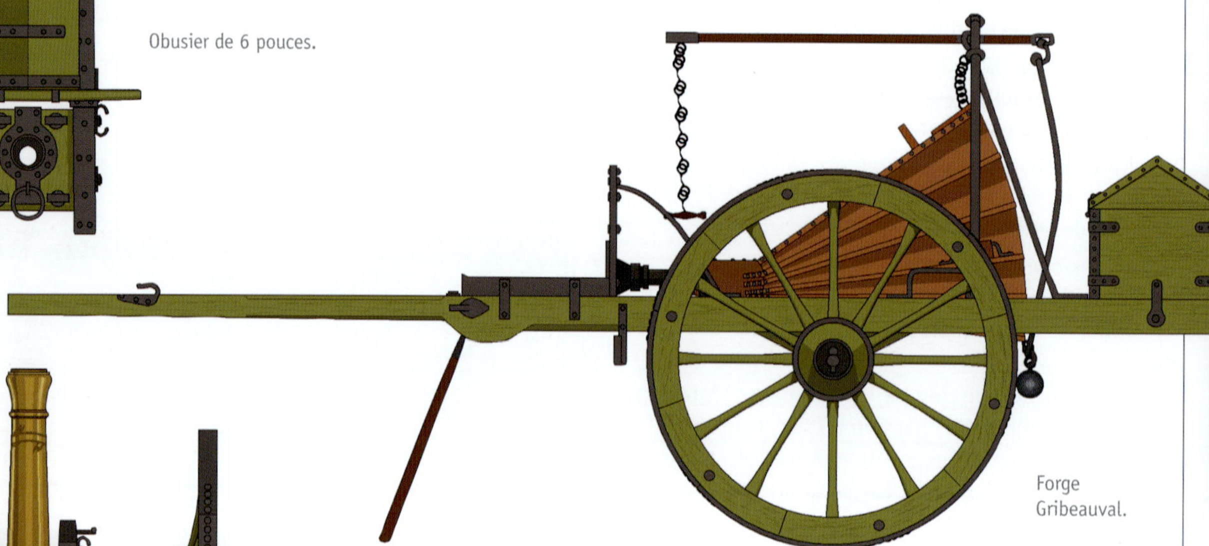

Forge
Gribeauval.

Pièce de 8 livres.

Caisson à munitions.

grenadiers des Bouches du Rhône, 4e bataillon de volontaires du Gard.

D'après d'autres sources, Pascal principalement, elle aurait été formée avec les :

- 2e demi-brigade légère de première formation, qui en devient le noyau, complétée par certaines formations des montagnards de la région levées en 1794 (d'après l'historique : Chambéry, Lyon, Mont-Cenis, et Mont-Genèvre), le 2e chasseurs ; les 10e et 17e bataillons de volontaires des Fédérés ; le 9e bataillon de volontaires de l'Isère ; 1er bataillon franc de la République (formé en 1793).
- 1er bataillon de la 2e provisoire : 1er et 2e bataillons des grenadiers des Bouches du Rhône, 4e bataillon de volontaires du Gard, 2e bataillon de volontaires de l'Isère – venant du Royal-Italien –, les chasseurs royaux du Dauphiné, le 1er bataillon franc de la République.

D'après l'historique de la 87e demi-brigade, on trouverait à la date du 8 janvier 1795 :

- La 2e demi-brigade légère, comme noyau principal.
- Le 2e bataillon de chasseurs *(sic)* – tiré du Royal-Italien – aussi formé des Chasseurs du Dauphiné, 9e bataillon de volontaires de l'Isère, 1er bataillon franc de la République, 2e bataillon de volontaires du Lot et Garonne, 2e compagnie des volontaires corses.
- Un détachement de la 57e demi-brigade.
- Un détachement de la 11e demi-brigade

DIVISION AUGEREAU

Brigade Guieu, Brigade Point, Brigade Walther, Brigade Verdier, Brigade Victor.

La 4e demi-brigade de ligne

Elle est formée, le 22 ventôse an IV (12 mars 1796), avec les :

- 39e demi-brigade de première formation : 1er bataillon du 20e régiment d'infanterie (*ci-devant Cambrésis*), 1er et 2e bataillons de volontaires des Basses-Pyrénées.
- 2e bataillon de la 55e demi-brigade de première formation : 1er bataillon du 28e régiment d'infanterie *(ci-devant Maine)*, 2e et 3e bataillons de volontaires de l'Ardèche.)
- 130e demi-brigade de première formation : 2e bataillon du 70e régiment d'infanterie (*ci-devant Médoc*), 4e et 5e bataillons de volontaires de la Haute-Garonne.
- 145e demi-brigade de première formation : 1er bataillon du 79e régiment d'infanterie (*ci-devant Boulonnais*), 2e bataillon de volontaires des Hautes-Pyrénées et 3e bataillon de volontaires de la Haute-Vienne.
- 147e demi-brigade de première formation : 1er bataillon du 80e régiment d'infanterie (*ci-devant Angoumois*), 2e et 3e bataillons.
- 8e demi-brigade provisoire de première formation, également appelée 1re demi-brigade de l'Aude : 4e, 6e et 8e bataillons de volontaires de l'Aude.
- 9e demi-brigade provisoire de première formation, également appelée 2e demi-brigade de l'Aude : 5e, 7e et 9e bataillons de volontaires de l'Aude.
- 14e demi-brigade provisoire de première formation : 2e, 4e et 7e bataillons de volontaires des Alpes-Maritimes.

La 4e demi-brigade est la plus solide unité de la division.

La 5e demi-brigade d'infanterie légère

Elle est formée le 1er ventôse an IV (20 février 1796), avec le :

- 1er bataillon de la 6e demi-brigade légère de première formation : [6e bataillon de chasseurs *(ci-devant Bretons)*], 8e bataillon de volontaires du Calvados et 4e bataillon de volontaires de Saône-et-Loire.

Pour Suzanne on y trouverait aussi les 1er et 2e bataillons formés de compagnies de chasseurs des Montagnes (sic).

- 22e demi-brigade légère de première formation : 8e bataillon de chasseurs *(ci-devant des Vosges)*, 1er bataillon de volontaires du Cantal et 2e bataillon de la légion de la Moselle.

Le turbulent général Augereau. La première fois qu'il voit Bonaparte, il avoue à Masséna : *« Ce petit gringalet de général m'a fait peur. Je ne peux comprendre l'ascendant qu'il a pris sur moi dès le premier coup d'œil. » (Coll. particulière, DR)*

Fantassins français d'une demi-brigade d'infanterie de ligne : grenadier (accroupi) et fusilier (debout). *(Dessin d'époque, Collection ASK Brown)*

La réserve de cavalerie du général Duga

Le général
de division Dugua.

Porte-étendard du 15e régiment
de chasseurs à cheval.

Officier
du 5e régiment
de cavalerie.

Cavalier du 5e régiment
de cavalerie.

Trompette du 5e régiment
de cavalerie.

Les dragons de l'Armée d'Italie

Trompette du 15e régiment de dragons.

Cavalier du 3e régiment de dragons.

Dragon du 8e régiment de dragons.

Officier du 20e régiment de dragons.

Cavalier du 5e régiment de dragons.

Le général Lannes. *(Collection particulière, droits réservés)*

Le général Victor. *(Google Art Project, droits réservés)*

Le général Walther. *(Google Art Project, droits réservés)*

- 1er et 3e bataillons de la 55e demi-brigade de première formation : 1er bataillon du 28e régiment d'infanterie *(ci-devant Maine)*, 2e bataillon de volontaires de l'Ardèche et 3e bataillon de volontaires de l'Ardèche.

D'autres sources donnent le 22e bataillon de chasseurs (légion de Rosenthal ou légion Germanique), 1er bataillon de chasseurs de la Neste et 5e bataillon de volontaires des Hautes-Pyrénées (appelé parfois 2e bataillon de volontaires d'Argelès).

- 201e demi-brigade bis de première formation : 4e bataillon de volontaires de l'Ain, 5e bataillon de volontaires du Jura et 5e bataillon « ter » de volontaires de Rhône-et-Loire.

- 2e bataillon de la 3e demi-brigade provisoire de première formation : 2e bataillon de volontaires des Pyrénées-Orientales, 3e bataillon de volontaires des Pyrénées-Orientales et 3e bataillon de volontaires de l'Ariège.

La 40e demi-brigade de ligne

Elle est formée, le 13 fructidor an IV (30 août 1796) avec les :

- 28e demi-brigade de première formation : 2e bataillon du 14e régiment d'infanterie *(ci-devant Forez)*, 6e bataillon de volontaires de la Manche, 10e bataillon de volontaires de la Manche.

- 184e demi-brigade de première formation : 2e bataillon du 104e régiment d'infanterie, 27e bataillon de volontaires des réserves et 9e bataillon de volontaires du Pas-de-Calais.

- 2e bataillon de volontaires de l'Eure.

- 14e bataillon de volontaires de la Seine-Inférieure (appelé aussi 3e bataillon de volontaires de Rouen).

Dépôt du 2e bataillon du 15e régiment d'infanterie *(ci-devant Béarn)*.

Le 9 novembre, le 3e bataillon marche sur Peschiera, en tête, puis se dirige sur Montebaldo. Les deux autres bataillons arrivent à Rivoli sous les ordres de Masséna. Ils ont attaqué le 11 novembre à Saint-Michel, le 12 à Caldiero. Les 15, 16 et 17, novembre, ils sont à Arcole. Le 16 mars 1797, ils se battent au Tagliamento puis marchent sur Vienne.

La 51e demi-brigade de ligne

Elle est formée, le 13 fructidor an IV (30 août 1796) avec les :

- 99e demi-brigade de première formation : 1er bataillon du 50e régiment d'infanterie *(ci-devant Hainaut)*, 4e bataillon de volontaires du Bas-Rhin et 9e bataillon de volontaires des Bouches-du-Rhône (appelé aussi 1er bataillon de volontaires du Luberon ou bataillon de volontaires d'Apt).

- 105e demi-brigade de première formation : 1er bataillon du 53e régiment d'infanterie *(ci-devant Alsace)*, 1er bataillon de volontaires du Gers et 2e bataillon de volontaires du Gers.

Pour d'autres sources, Suzanne et Pascal notamment, on peut lire :

- 105e demi-brigade de première formation : 1er et 2e bataillons de volontaires du Jura, 1er et 2e bataillons de volontaires du Gers,

- 199e demi-brigade de première formation : 2e bataillon de volontaires de Seine-et-Marne, 3e bataillon de volontaires de l'Ain et 10e bataillon bis de volontaires de la Côte-d'Or.

- 13e demi-brigade provisoire de première formation : 1er, 3e et 6e bataillons de volontaires des Côtes-Maritimes.

- 3e compagnie de grenadiers de la 14e demi-brigade de première formation : 2e bataillon du 7e régiment d'infanterie *(ci-devant Champagne)*, 1er et 2e bataillons de volontaires du Gard.

- 2e compagnie de grenadiers de la 26e demi-brigade de première formation : 2e bataillon du 13e régiment d'infanterie *(ci-devant Bourbonnais)*, 4e bataillon de volontaires de la Manche et 9e bataillon de volontaires de Seine-et-Oise.

Le premier couplet du chant du 51e régiment d'infanterie est explicite :

« Jadis dans les champs d'Italie
Le régiment s'est illustré
Et plus tard, contre la Russie
Avec honneur, il s'est montré
Arcole, Eylau, ces deux victoires
Sont les fleurons les plus brillants
De notre couronne de gloires »

La 57e demi-brigade de ligne

Elle est formée, le 1er messidor an IV (19 juin 1796), avec les :

- 83e demi-brigade de première formation : 1er bataillon du 42e régiment d'infanterie *(ci-devant*

Officer subalterne d'une demi-brigade d'infanterie légère. *(Gravure de Bellangé, collection particulière, droits réservés)*

L'infanterie française au commencement de la campagne d'Italie est dépourvue de tout, ou presque. Elle vit sur le pays... Ici, nous pouvons juger de la terrible et malheureuse diversité des tenues portées. Le temps de l'uniformisation n'est pas encore venu. Même l'officier monté arbore un uniforme en bien piteux état. Les grenadiers sont reconnaissables à leurs épaulettes rouges à grosses torsades. Les guêtres sont souvent absentes et nous ne parlons pas des chaussures... Certains fusiliers, au centre de la composition, sont entièrement vêtus de hardes civiles, à l'exception des coiffures et de la buffleterie. *(Gravure d'époque, collection particulière, droits réservés)*

A gauche.
En tête de la 5e demi-brigade de ligne en Italie. *(Bibliothèque nationale, Gallica, droits réservés)*

Limousin), 2e bataillon de volontaires de l'Isère et 4e bataillon de volontaires de la Drôme.

- 122e demi-brigade de première formation : 2e bataillon du 61e régiment d'infanterie *(ci-devant Vermandois)*, 1er ou 2e bataillon de volontaires de la Haute-Garonne et 3e bataillon de volontaires de la Haute-Garonne.

- 3e bataillon de la 209e demi-brigade de première formation : 1er bataillon de volontaires de la Drôme, 1er bataillon de volontaires de l'Aude et 1er bataillon de volontaires de l'Isère.

Pour Suzanne : 8e bataillon de volontaires de l'Ain, 1er bataillon de volontaires de Parthenay et 5e bataillon de volontaires des Deux-Sèvres.

- 3e bataillon de la 2e demi-brigade provisoire de première formation : 1er bataillon de grenadiers des Bouches-du-Rhône, 2e bataillon de grenadiers des Bouches-du-Rhône et 4e bataillon de volontaires du Gard.

- 1er et 3e bataillons de la 3e demi-brigade provisoire de première formation : 2e et 3e bataillons de volontaires des Pyrénées-Orientales et 3e bataillon de volontaires de l'Ariège.

- 1er ou 2e bataillon de volontaires du Cher.

- 10e bataillon de volontaires de l'Isère.

DIVISION SERURIER

Brigade Davin, Brigade Miollis, Brigade Montleau

La 5e demi-brigade de ligne

Elle est formée, le 1er ventôse an IV (20 février 1796), selon Pascal, avec les :

- 146e demi-brigade de première formation : 1er ou 2e bataillon du 79e régiment d'infanterie *(ci-devant Boulonnais)*, 1er bataillon de volontaires de la Côte-d'Or et 8e bataillon de volontaires de l'Isère.

- 193e demi-brigade de première formation : 1er bataillon du 109e régiment d'infanterie *(ci-devant La Martinique* et *ci-devant La Guadeloupe)*, 1er bataillon de volontaires de l'Yonne et 3e bataillon de volontaires de la Seine-Inférieure,

- 1er bataillon de la 11e demi-brigade légère[2] de deuxième formation *(ex 3e demi-brigade légère, Dispe)* : 3e bataillon de chasseurs *(ci-devant Chasseurs Royaux-Corses)*, 2e bataillon de chasseurs révolutionnaires, bataillon de chasseurs des Hautes-Alpes.

La demi-brigade arrive à Milan, le 31 mai 1796, puis elle est envoyée à Peschiera pour renforcer les fortifications; elle se distingue lors du siège de Mantoue. Il faut ajouter un bataillon de la 27e demi-brigade de bataille.

Les troupes devant Mantoue

Chasseur de la 17e demi-brigade légère.

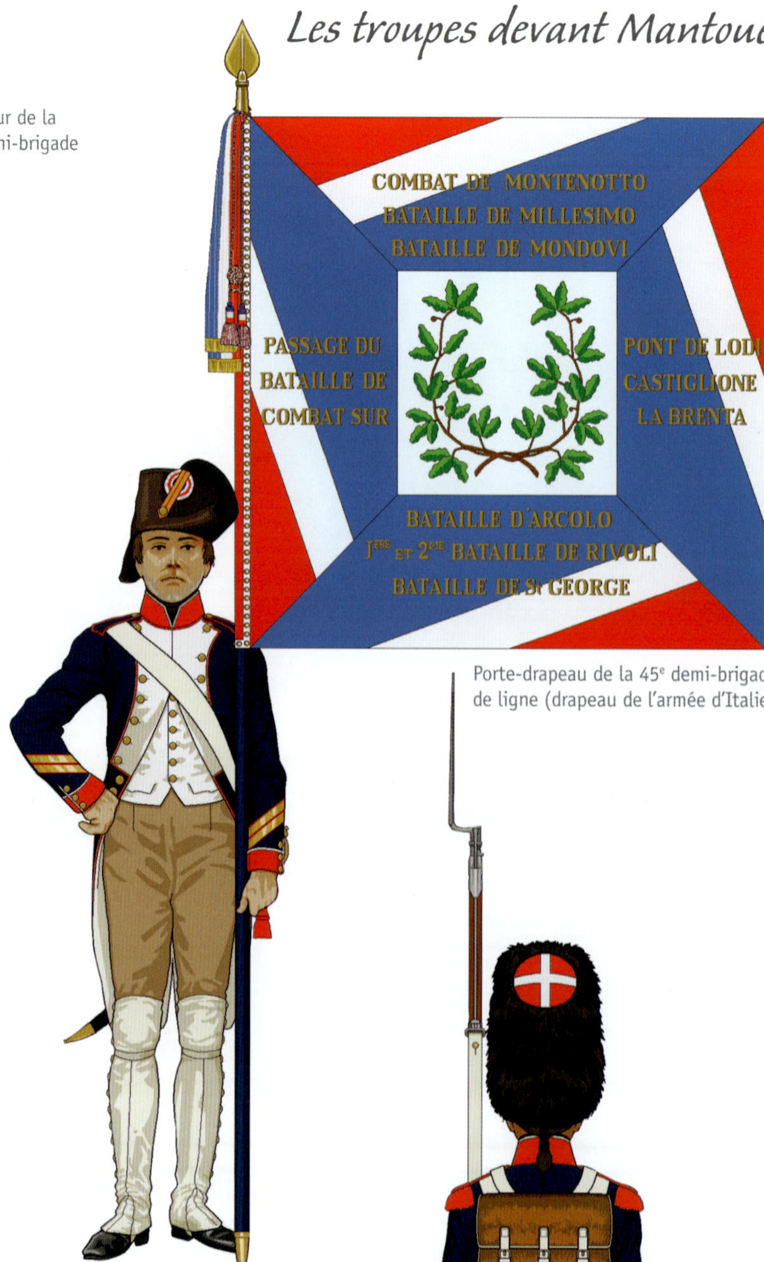

Porte-drapeau de la 45e demi-brigade de ligne (drapeau de l'armée d'Italie).

Fusilier de la 5e demi-brigade de ligne.

Officier de la 11e demi-brigade de ligne.

Grenadier de la 69e demi-brigade de ligne.

Tambour des grenadiers de la 88e demi-brigade de ligne.

La 11e demi-brigade de ligne

Elle est formée, le 1er vendémiaire an V (22 septembre 1796), selon Suzanne, avec les :

– 20e demi-brigade de première formation : 1er bataillon du 10e régiment d'infanterie *(ci-devant Neustrie)*, 2e bataillon de volontaires de la Lozère, 2e ou 7e bataillon de volontaires de l'Isère également appelé 2e bataillon de grenadiers et chasseurs de l'Isère.

– 103e demi-brigade de première formation : 1er bataillon du 52e régiment d'infanterie *(ci-devant La Fère)*, 1er bataillon de volontaires des Bouches-du-Rhône (ou de Marseille) et 2e bataillon de volontaires des Bouches-du-Rhône (ou du Luberon).

– 4e demi-brigade provisoire de première formation : 1er bataillon de volontaires du Tarn, 2e ou 3e bataillon de volontaires du Tarn, 4e bataillon de volontaires du Lot, 4e bataillon de volontaires de la Corrèze, également appelé 9e bataillon de la Montagne.

– 15e demi-brigade provisoire de première formation : 1er bataillon de volontaires des Alpes-Maritimes, 4e et 5e bataillons de volontaires du Mont-Blanc.

– 2e bataillon de la 7e demi-brigade provisoire de première formation : 1er bataillon de volontaires du Vaucluse, 5e bataillon de volontaires du Gard, 5e bataillon bis de volontaires de l'Hérault et 6e bataillon de volontaires de l'Ardèche.

La 6e demi-brigade de ligne

Il est aujourd'hui communément admis que la 6e demi-brigade est ainsi formée, le 27 thermidor an IV (14 août 1796), avec les :

– 2e et 3e bataillons de la 6e demi-brigade de première formation : 2e bataillon du 3e régiment d'infanterie (*ci-devant Piémont*), 2e bataillon de volontaires de l'Aube, 10e bataillon de volontaires des Vosges, 13e bataillon de la formation d'Orléans, 14e bataillon de volontaires de Paris – ou « de la République » – et 24e bataillon de volontaires de la Charente.

– 196e demi-brigade de première formation : 2e bataillon du 110e régiment d'infanterie (*ci-devant Port-au-Prince*), 1er bataillon de volontaires de la formation d'Orléans et 4e bataillon de volontaires de Seine-et-Marne.

– 3e 7e et 10e bataillons de Paris (de seconde formation), seule la partie encore non amalgamée du 3e bataillon ; le 10e est également appelé Bataillon du Museum.

– 4e bataillon bis de volontaires de la Sarthe.

– 3e bataillon de volontaires d'Eure-et-Loir, également appelé Bataillon de Chartres lors du premier amalgame.

La 6e demi-brigade arrive à Milan le 14 septembre 1796. Elle est sous les ordres de Sahuquet lors du siège de Mantoue, à La Favorite et au Mont Saint-Ovide, avant de passer sous le commandement de Victor à Ancône.

La 12e demi-brigade de ligne

Elle est formée à Lyon, le 20 ventôse an IV (10 août 1796) avec les :

Artilleur à cheval de l'artillerie légère en Italie. *(Gravure d'après Philippoteaux, collection particulière, droits réservés)*

Sous-officier porte-drapeau d'une demi-brigade d'infanterie de ligne en tenue de service. *(Huile sur toile, collection particulière, droits réservés)*

Le général Verdier. *(Collection particulière, droits réservés)*

- 60e demi-brigade de première formation : 2e bataillon du 30e régiment d'infanterie *(ci-devant Perche)*, 8e bataillon de volontaires de la Côte-d'Or, 12e bataillon de volontaires de la formation d'Angers.

- 3e bataillon de la 170e demi-brigade de première formation : 2e bataillon du 93e régiment d'infanterie *(ci-devant Enghien)*, 4e bataillon de volontaires de la Haute-Marne également appelé bataillon de volontaires de Chaumont et 10e bataillon de volontaires du Jura.

- 3e bataillon de la 11e demi-brigade légère de deuxième formation : 3e bataillon de chasseurs *(ci-devant Royaux-Corses)*, 2e bataillon de chasseurs révolutionnaires, 4e bataillon de volontaires des Hautes-Alpes également appelé 1er bataillon de chasseurs des Alpes et le 3e Bataillon de chasseurs des Hautes-Alpes.

Pour Suzanne et Pascal, elle est formée du 2e bataillon du 6e régiment d'infanterie *(ci-devant Armagnac)*, des 9e et 12e bataillons de volontaires de la Manche. Elle arrive à Milan le 17 août.

La 69e demi-brigade de ligne

Elle est formée, le 21 germinal an IV (10 avril 1796), avec les :

Grenadier de l'Armée d'Italie en « tenue d'hiver ». Il fait froid sur le plateau de Rivoli en ce mois de janvier 1797. *(Collection particulière, droits réservés)*

- 19e demi-brigade de première formation : 1er bataillon du 10e régiment d'infanterie *(ci-devant Neustrie)*, 2e bataillon de volontaires du Mont-Blanc et 3e bataillon de volontaires des Basses-Alpes.

- 102e demi-brigade de première formation : 2e bataillon du 51e régiment d'infanterie *(ci-devant La Sarre)*, 3e et 6e bataillons de volontaires du Var.

- 166e demi-brigade de première formation : 2e bataillon du 91e régiment d'infanterie *(ci-devant Barrois)*, 5e et 9e bataillons de volontaires du Var.

- 2e bataillon de la 170e demi-brigade de première formation : 2e bataillon du 93e régiment d'infanterie *(ci-devant Enghien)*, 4e bataillon de volontaires de la Haute-Marne, connu aussi sous le nom de bataillon de volontaires de Chaumont et 10e bataillon de volontaires du Jura.

La 45e demi-brigade de légère

Deux bataillons.

La 20e demi-brigade de légère

Formée avec la :

- 10e demi-brigade légère de première formation : 10e bataillon de chasseurs du Gévaudan, 16e bataillon de chasseurs de la Légion du centre et un bataillon de la légion de la Moselle

La demi-brigade arrive de Perpignan le 22 septembre 1796. Le 9 janvier 1797, elle est à Bologne sous les ordres de Lannes, le 14 à Legnano.

La 27e demi-brigade de légère

Formée le 7 octobre 1796 avec les :

- 4e demi-brigade légère bis (dite aussi demi-brigade des Allobroges) de première formation : 1er et 2e bataillons des Allobroges, 4e bataillon de chasseurs de montagne et 1er bataillon des tirailleurs des Alpes.

- 15e demi-brigade légère de première formation (après Castiglione) : 15e bataillon de chasseurs Corses, 2e bataillon de volontaires des Bouches du Rhône, 9e bataillon de volontaires de Lille.

- 2e bataillon de la 52e demi-brigade de première formation : 2e bataillon de la 26e demi-brigade, 2e bataillon de volontaires du Vaucluse, 5e bataillon de volontaires des Bouches du Rhône, 2e bataillon de volontaires de la montagne d'Aix

- 11e demi-brigade provisoire : 4e et 5e bataillons de volontaires de l'Ariège, 4e bataillon de volontaires des Pyrénées Orientales.

- 1er bataillon de tirailleurs des Alpes.

- Compagnie de grenadiers du 1er bataillon des Gravilliers (Paris).

La Brigade Fiorella de la division Vaubois

La 19e demi-brigade de ligne

Elle est formée le 18 nivôse an IV (8 janvier 1796), avec les :

- 1er et 2e ou 3e bataillons de la 45e demi-brigade de première formation : 1er bataillon du 23e régiment d'infanterie *(ci-devant Royal)*, 1er bataillon de volontaires des Basses-Alpes et 1er bataillon de volontaires de la Lozère.

- 1er et 2e bataillons de la 180e demi-brigade de première formation : 2e bataillon du 102e régiment d'infanterie, 7e bataillon de volontaires de la Haute-Saône et 2e bataillon de volontaires du Lot-et-Garonne.

Pour Suzanne et Fabry, on trouverait dans la demi-brigade le 1er bataillon du 10e régiment d'infanterie *(ci-devant Neustrie)*, les 1er et 2e bataillons d'Indre et Loire, le 2e bataillon de la 102e demi-brigade de première formation : le 2e bataillon du 51e régiment d'infanterie *(ci-devant Sarre)* et les 3e et 6e bataillons de volontaires du Var.

La 19e demi-brigade, forte de 2 700 hommes, part, complète, de Barcelonnette, le 19 mai 1796, avec ses canonniers.

La 28e demi-brigade de ligne

Elle est formée, le 19 vendémiaire an V (10 octobre 1796), avec les :

– 183e demi-brigade de première formation : 1er bataillon du 104e régiment d'infanterie, 1er bataillon de volontaires de l'Oise et 3e bataillon de volontaires des réserves.

– 1er bataillon du 6e régiment d'infanterie *(ci-devant Armagnac)*. Le régiment non amalgamé noyau de la 11e demi-brigade de première formation.

– 4e bataillon de volontaires de Lot-et-Garonne.

– 6e bataillon de volontaires des réserves.

– 9e bataillon de volontaires des réserves.

– 1er bataillon de volontaires de la Manche.

– 4e bataillon de volontaires de la Meuse.

Pour Suzanne et Fabry, en revanche, elle serait formée avec :

– Le 2e bataillon du 14e régiment d'infanterie *(ci-devant Forez)*, les 6e et 10e bataillons de volontaires de la Manche et le 10e bataillon de volontaires de Paris.

– 2e bataillon de la 104e demi-brigade de première formation : 27e bataillon de volontaires de réserve, 9e bataillon de volontaires du Pas-de-Calais, 2e bataillon de volontaires de l'Eure, 3e bataillon de volontaires de Rouen, dépôt du 15e régiment d'infanterie *(ci-devant Béarn)* et dépôt de la 30e demi-brigade de première formation (?).

La 43e demi-brigade de ligne

- 34e demi-brigade de première formation : 2e bataillon du 17e régiment d'infanterie *(ci-devant Auvergne)*, 3e bataillon de volontaires de la Meuse et 4e bataillon de volontaires de la Moselle.

- 3e bataillon de la 149e demi-brigade de première formation : 1er bataillon du 81e régiment d'infanterie *(ci-devant Conti)*, 6e bataillon de volontaires de

Le général Dumas, général de cavalerie, est surnommé, après la campagne d'Italie, « l'Horatius Coclès du Tyrol ». Le général Dumas, le père du romancier, est né à Saint-Domingue. C'est un métis doté d'une force herculéenne. Il commence sa carrière militaire aux Hussards de la liberté – le futur 13e hussards – et est nommé général en 1793, puis général de division, l'année suivante. Il commande une brigade sous Kilmaine, il est à Mantoue, se bat à La Favorite puis traverse le Tyrol avec Joubert. Il sera, en 1798, de l'expédition d'Égypte où il commande la cavalerie. Il rentre en 1799 avant d'être réformé en 1802. *(Collection particulière, droits réservés)*

la Haute-Saône et 5e bataillon de volontaires de l'Orne.

Le général Suzanne, pour l'amalgame, cite le 1er bataillon de la 22e demi-brigade, le 1er bataillon de volontaires des Basses Alpes et le 1er bataillon de volontaires de Lozère.

La 55e demi-brigade de ligne

Elle est formée, le 1er ventôse an V (19 février 1797), avec les :

- 1er bataillon du 19e régiment d'infanterie *(ci-devant Flandre)*. Le régiment, non amalgamé, forme le noyau de la 37e demi-brigade de première formation.

- 1er bataillon du 58e régiment d'infanterie *(ci-devant Rouergue)* Le régiment, non amalgamé, forme le noyau de la 115e demi-brigade de première formation.

- 2e bataillon de volontaires des réserves.

- 1er bataillon de volontaires de la Moselle.

- 2e bataillon de volontaires de la Haute-Vienne.

- 6e bataillon de volontaires de Seine-et-Oise.

Suzanne donne pour les deux dernières unités :

- 1er bataillon de volontaires de Gironde.

- 2e et 3e bataillons de volontaires de l'Ardèche.

La 61e demi-brigade de ligne

Elle est formée, le 5 ventôse an IV (24 février 1796), avec les :

- 24e demi-brigade de première formation : 2e bataillon du 12e régiment d'infanterie *(ci-devant Auxerrois)*, 3e bataillon de volontaires de la Somme et 10e bataillon de volontaires des réserves.

- 138e demi-brigade de première formation : 2e bataillon du 74e régiment d'infanterie *(ci-devant Beaujolais)*, 2e bataillon de volontaires de la Vienne et 5e bataillon de volontaires des Vosges.

Le général Kilmaine. *(collection particulière, droits réservés)*

La 64e demi-brigade de ligne

Elle est formée avec les débris de 14 bataillons, le 24 brumaire an V (14 novembre 1796), avec les :

- 8e bataillon de la formation d'Orléans.
- 1er, 3e et 4e bataillons de volontaires de la Loire-Inférieure.
- 8e bataillon de volontaires de la Seine-Inférieure.
- 6e bataillon de volontaires de la Charente-Inférieure.
- 14e bataillon de volontaires de la Charente connu aussi sous le nom de 14e bataillon de volontaires des réserves.
- 4e bataillon de volontaires des Ardennes.
- 4e bataillon de volontaires de l'Orne.
- 1er bataillon de volontaires des réserves.
- 9e bataillon de Paris de seconde formation, connu aussi sous le nom de 2e bataillon de la Réunion.
- 1er et 2e bataillons des Amis de la République (Paris).
- 15e bataillon de la formation d'Orléans.

Cavalier d'un régiment de cavalerie, en tenue de campagne en 1797. *(Gravure d'après Philippoteaux, collection particulière, droits réservés)*

La 93e demi-brigade de ligne

Elle est formée, le 28 pluviôse an IV (17 février 1796), avec les :

41e demi-brigade de première formation : 1er bataillon du 21e régiment d'infanterie *(ci-devant Guyenne)*, 2e bataillon de volontaires du Doubs et 4e bataillon de volontaires de l'Eure.

207e demi-brigade de première formation : 10e bataillon de volontaires du Doubs, 14e bataillon de volontaires des Vosges et 10e bataillon de volontaires de la Côte-d'Or.

Pour le général Suzanne, elle comporterait en 1797 les :

4e bataillon de volontaires de la légion de police.

7e bataillon de volontaires des Fédérés.

1er bataillon de volontaires de la Charente-Inférieure.

2e bataillon de volontaires du Gard.

3e bataillon de volontaires du Morbihan.

4e bataillon de volontaires de l'Aisne.

7e bataillon de volontaires de Paris (Théâtre Français).

La 2e demi-brigade légère

Elle est formée, pour le général Suzanne, avec les :

- 21e demi-brigade légère de première formation : le bataillon franc de Muller, les éclaireurs de la 23e demi-brigade légère de première formation, les 10e et 17e bataillons de volontaire des Fédérés.
- La compagnie franche de Seine-et-Marne.

Pour Pascal, elle serait constituée des :

- Le bataillon de volontaires de Haute-Saône.
- 2e bataillon de volontaires de Lot et Garonne.

La 6e demi-brigade légère

Elle est formée, le 10 ventôse an IV (29 février 1796), avec les :

19e demi-brigade légère de première formation : 19e bataillon de chasseurs, 8e bataillon de volontaires des Vosges et 7e bataillon de volontaires de la Manche.

- Bataillon de chasseurs de Saône-et-Loire.
- 2e bataillon de chasseurs réunis.
- Bataillon de chasseurs républicains des Quatre Nations (bataillon de chasseurs de Paris).
- Bataillon de chasseurs de la Charente.
- 6e bataillon de volontaires de Paris pour la Vendée (bataillon du Luxembourg).
- 9e bataillon de volontaires de Paris (bataillon Saint-Laurent ou bataillon Saint-Martin).
- 11e bataillon de volontaires de Paris (bataillon de volontaires de la République).

2e bataillon de volontaires du Morbihan.

- 5e bataillon de la formation d'Orléans.
- Compagnie de chasseurs d'Évreux (chasseurs volontaires du district d'Évreux).
- Compagnie franche de grenadiers des Côtes-du-Nord.

la cavalerie légère de l'Armée d'Italie

Cavalier du 1er régiment de hussards.

Officier du 1er régiment de hussards.

Le général de division Dumas.

Cavalier du 13e régiment de hussards (hussards des Alpes).

Cavalier du 7e bis de hussards.

la cavalerie légère de l'Armée d'Italie

Cavalier du 10e régiment
de chasseurs à cheval.

Cavalier du 25e régiment
de chasseurs à cheval.

Trompette
du 22e régiment
de chasseurs à cheval.

Cavalier du 24e régiment
de chasseurs à cheval.

Cavalier du 22e régiment
de chasseurs à cheval.

La 22e demi-brigade légère

Formée avec les :

- 16e demi-brigade légère de première formation : 16e bataillon de chasseurs corses, 1er bataillon de volontaires de l'Aveyron, 8e bataillon de volontaires de l'Isère.
- 3e bataillon de la 52e demi-brigade de première formation : 2e bataillon de volontaires du Vaucluse, 5e bataillon de volontaires des Bouches du Rhône, 2e bataillon des requis d'Aix.
- 11e bataillon de volontaires de l'Ain
- 5e bataillon de volontaires des Alpes
- 1er bataillon des Vengeurs

LA CAVALERIE

Le 1er régiment de cavalerie

Sous les ordres du général Beaumont, le régiment vient de Milan le 12 septembre 1796. Plusieurs cavaliers sont avec Lasalle lors de l'épisode de Vicence, le 17 décembre 1796.

À Rivoli, sous les ordres de Leclerc, il va charger deux fois avec Lasalle contre Quasdanowich. Le régiment revient vers Mantoue et coupe la retraite à Provera, obligé de capituler.

Le régiment passe à la réserve de cavalerie sous Duga puis participe à la marche sur Vienne avec Masséna. Les cavaliers franchissent le Tagliamento puis se battent à Gradisca, Gorizia. Ils sont avec le 15e chasseurs et Lasalle à Trieste.

Après le traité de Campo-Formio, le régiment est à Udine et demeure dans le nord de l'Italie jusqu'en 1800. Le 1er régiment de cavalerie devient 1er régiment de cuirassiers à la fin de 1802.

Le 5e régiment de cavalerie

Il est en Savoie en 1792 puis au siège de Lyon en 1793. Un escadron est envoyé en Vendée avant que le régiment ne passe à l'armée d'Italie, de 1794 à 1797, dans la réserve de cavalerie. Les cavaliers se distinguent à Rivoli, probablement aux côtés du 1er régiment de cavalerie.

Le régiment est cité lors du passage du Tagliamento puis participe aux combats de Gradisca. Le régiment est sous les ordres du général Dugua à Udine puis Rovigo en 1798.

Le 3e régiment de dragons

Le régiment est encore fort de 500 cavaliers en 1795. Il reçoit, avant la campagne d'Italie, des renforts constitués de la compagnie de Bergues, de certains hussards de Jemmapes et de volontaires. Le régiment est appelé en Italie en 1796 et arrive à Milan à la fin de l'année.

Il se bat avec Masséna au Tyrol, sous les ordres de Dumas, aux côtés du 10e régiment de chasseurs. Le 3e dragons a fourni une escorte au général Masséna à Rivoli.

Cavalier du 3e régiment de dragons en 1796. *(Dessins de Lucien Rousselot, collection particulière, droits réservés)*

Chasseurs à cheval du 22e régiment en tenue de campagne, au premier plan, et en grande tenue, en 1797. *(Dessins de Lucien Rousselot, collection particulière, droits réservés)*

Cavalier d'un des régiments de dragons en Italie, peut-être le 8e. *(Édouard Detaille, collection particulière, droits réservés)*

Ci-contre.
Vedette du 7e bis régiment de hussards en Italie, 1797. *(Collection particulière, droits réservés)*

Page suivante, en haut.
Cavalier du 1er régiment de cavalerie en 1797. *(Gravure d'époque, collection particulière, droits réservés)*

Page suivante en bas.
Hussard du 1er régiment, en tenue de campagne, 1797. *(Collection particulière, droits réservés)*

Le 5e régiment de dragons

Le « ci-devant régiment colonel-général » devient le 5e régiment de dragons en 1791. La formation arrive en Italie en avril 1796. Elle est à Montelegino et Millesimo. Le général Stengel charge à sa tête à Dego.

Le 5e dragons libère Brescia, puis charge à Roveredo avant de s'emparer du drapeau d'un régiment de hussards autrichiens à Bassano. Il est présent à Arcole le premier jour.

À Rivoli, les dragons sont disséminés dans les différentes divisions. Le régiment s'illustre pendant la marche sur Vienne à Neumarrt, Botzen, Brixen et Mulbach.

Le 8e régiment de dragons

Le 8e régiment de dragons entre en campagne à la bataille de Borghetto, le 30 mai, puis se rend au siège de Mantoue où il est décimé par les maladies.

Il sert à la bataille de Castiglione, les 3 et 5 août 1796.

À Rivoli, il n'est pas engagé directement: placé sous les ordres de Rey, le régiment manœuvre, faisant croire à l'ennemi qu'une importante colonne de cavalerie vient soutenir Bonaparte sur le plateau.

Cette manœuvre de diversion permet de fixer de nombreuses troupes autrichiennes.

Le 15e régiment de dragons

Le régiment est à l'armée des Pyrénées. Il quittera cette affectation pour l'Italie après la paix avec l'Espagne.

Le 15e dragons est sous les ordres d'Augereau. Le régiment passe ensuite sous les ordres de Masséna, à l'aile gauche.

Il participe aux batailles pour Vérone, Lonato, Roveredo et Primolano. À Arcole, il intervient le 17 novembre, puis rentre dans Porcile et s'y installe, couvrant ainsi l'aile gauche de l'armée et le pont de Ronco.

Le 15e régiment de dragons accomplit ensuite des taches de troupe d'occupation.

Le 20e régiment de dragons

Il y a en Italie deux escadrons de 376 hommes, l'état-major du régiment, alors que 714 cavaliers sont encore à l'armée des Alpes quand Bonaparte les réclame.

Le régiment fournit deux escadrons au général Stengel pendant les batailles de Mondovi, Castiglione, ainsi qu'à Peschiera.

Le 1er régiment de hussards

Ancien Bercheny hussards, le régiment est à Arcole mais ne participe qu'à la poursuite. Il se bat à Anghiari, avant de participer à l'affaire de Saint-Georges, le 11 mars sur la Piave.

Cette fois, c'est au tour de Murat, en grand uniforme des guides du général en chef de l'armée d'Italie – il porte son brassard d'aide de camp – d'apporter aux Directeurs parisiens, les drapeaux pris à l'ennemi autrichien. *(Dessin de JOB, collection particulière, droits réservés)*

Le 17, les hussards passent le Tagliamento et chargent à Gradisca. Le régiment sert alors avec la 4e de ligne, la 40e et la 51e, la 27e légère et le 24e régiment de chasseurs à cheval.

Le 7e bis régiment de hussards

Le 7e bis de hussards est formé en 1795 avec les Hussards de la Liberté, créés en 1792. Il devient 28e régiment de dragons en 1803.

Le régiment est à Plaisance et passe le Pô, puis participe à la bataille de Lodi où Dallemagne et Lannes repoussent Beaulieu.

Quand le 13e hussards est licencié, un détachement est envoyé au 7e bis. Le régiment passe ensuite sous les ordres de Kilmaine et de Beaumont à l'avant-garde, avec le 1er régiment de hussards, les 10e et 22e chasseurs. Le 7e bis et le 22e chasseurs à cheval sont à Mantoue. Le régiment est alors fort de 810 cavaliers et 29 officiers.

L'état-major du général en chef observe la longue colonne de prisonniers autrichiens qui seront bientôt renvoyés chez eux, s'ils promettent de ne plus prendre les armes contre les Français, conformément aux plus anciennes lois de la guerre. *(Gravure d'Édouard Detaille, collection particulière)*

le 13e régiment de hussards

Il est formé en 1795 et son premier chef de corps est le futur général Walther.

Quatre compagnies proviennent du dépôt de Vienne, deux compagnies sont issues des dragons de la Montagne et 80 guides de l'armée des Alpes, en excédent, viennent compléter les effectifs.

À la division Kilmaine, le régiment est avec le 7ebis de hussards, le 24e chasseurs à cheval, les 8e et 15e régiments de dragons.

Lors de son licenciement, deux escadrons passent au 7e bis.

Le 10e régiment de chasseurs à cheval

Le 10e de chasseurs à cheval sert à l'armée d'Italie et entre en campagne le 23 avril. Le 10 mai, il est à Lodi et s'y couvre de gloire lors de plusieurs charges. À Castiglione, il se lance à la poursuite des Autrichiens.

Le régiment se bat plusieurs fois devant Vérone. Il ne participe pas à Rivoli, mais concourt à la défaite de Proveda devant Mantoue.

Les chasseurs sont de la marche sur Vienne et s'illustrent à Tarvis.

Le 22e régiment de chasseurs à cheval

Le régiment est formé de cavaliers de la Légion des Pyrénées. Lasalle, le héros de Rivoli,est à sa tête. Il revient en Italie de 1799 à 1801.

Le 25e régiment de chasseurs à cheval

Le régiment est issu de la Légion des Montagnes mise sur pied en 1793 ; elle devient 25e chasseurs en 1795.

Le régiment participe aux engagements de Lodi, la Piave, la Trebia, Novi, Brescia, Peschiera et Mantoue.

Le 24e régiment de chasseurs à cheval

Le 24e régiment est formé le 11 mars 1794 à l'armée des Pyrénées Occidentales avec de nombreux cavaliers volontaires.

Le régiment est considéré comme un *« excellent régiment brave et patriote »*. Il rejoint Masséna à Plaisance.

Les chasseurs sont du siège du château de Milan qui capitule le 29 juin.

LES RENFORTS APRÈS RIVOLI

Le 15e régiment de chasseurs à cheval

Le régiment est désigné par Hoche pour aller en Italie à la fin de 1796. Trois escadrons arrivent à Milan, le 17 février 1797. Le 4e escadron, pour sa part, rejoindra le 5 mars avec 170 cavaliers.

Le 19e régiment de chasseurs à cheval

Il vient de l'armée de Sambre et Meuse. Les cavaliers arrivent à l'armée d'Italie, le 20 février 1797. Le régiment est à Gradisca et charge à Gorizia. Le 25 avril, 100 cavaliers venant du dépôt sont avec Clément et suivent Chabran vers Vérone au sein d'une colonne mixte.

EDOUARD DETAILLE

7 l'armée autrichienne

Le noyau dur de l'armée autrichienne est, bien évidemment, formé par son infanterie allemande, en grande partie des Autrichiens, considérés comme étant *« courageux, laborieux, travailleurs, intelligents et agréables »*.

Les troupes allemandes

La conscription est, depuis 1781, sur les terres en apanage de la maison d'Autriche, comme en Bohême d'ailleurs, le moyen « d'alimenter » l'armée autrichienne. Les rôles sont calqués sur l'état-civil de la circonscription territoriale de chaque régiment. Tous les hommes, âgés de 17 à 40 ans, sont susceptibles d'être appelés à l'armée.

Toutefois, une part importante de la population masculine est exemptée du service : les nobles, les prêtres, la plupart des travailleurs qualifiés, les mineurs, certains ouvriers des rares fabriques existantes, de nombreux citadins et l'aîné de chaque famille paysanne.

Le poids de la conscription pèse donc, essentiellement, sur les enfants paysans puînés et le petit prolétariat urbain non qualifié. Les hommes ayant entre 18 ans et 26 ans sont enrôlés en priorité ; les autres le sont en cas de crise majeure. La plupart des régiments tiennent garnison dans leur lieu de recrutement. Jusqu'en 1807, chaque secteur de recrutement est divisé en 16 *Werbebezirke* (sous-secteurs de compagnie)[1]. Chaque secteur tient à jour son « livre de la population militaire » où chaque foyer est référencé par un numéro (une amende de neuf florins est attribuée en cas d'erreur ou de tricherie). Le livre est sous la responsabilité du *Werbebezirkoffizier* (officier responsable du recrutement dans le secteur), toujours présent aux côtés des autorités civiles. Chaque année, entre le 1er mars et le 31 mai, le *Werbebezirkoffizier* entreprend une inspection du secteur, vérifiant la liste fournie par les autorités civiles des *« sujets ayant été sélectionnées pour le service militaire »*. Toute personne visitée par cet officiel est « techniquement enrôlée » et se voit confirmée sur la liste militaire.

Le recrutement est réalisé tout au long de l'année et ne cesse qu'une fois les rôles des régiments complets. Les conscrits sont alors appelés. Des remplaçants sont trouvés pour les recrues dans l'incapacité de se rendre à la convocation (maladies ou absence motivée). De nombreuses ruses

(suite page 139)

Ci-dessous.
De gauche à droite, quelques exemples de troupes autrichiennes tous types et origines confondus : volontaire croate de Rothmantel, fantassin hongrois du régiment Odonet, chasseur allemand de Mahony, chasseur hongrois et caporal. *(Collection particulière, droits réservés)*

1. Il n'existera ensuite qu'un seul secteur.

L'infanterie autrichienne

Caporal porte-drapeau du régiment d'infanterie « von Preiss »
(bleu foncé, bouton blanc).
Le drapeau *ordinär Fahne* est du modèle 1792.

Officier subalterne du régiment d'infanterie « Reisky » (vert herbe, bouton jaune).

Fusilier du régiment d'infanterie « von Lattermann » (carmin, bouton jaune).

Fusilier du régiment d'infanterie « Collodero Waldsee » (vert acier, bouton jaune).

Grenadier du régiment d'infanterie « Strassoldo » (jaune impérial, bouton jaune).

L'infanterie autrichienne

Caporal porte-drapeau du régiment d'infanterie « Stein » (violet, bouton blanc). Le drapeau colonel *Leibfahne*, modèle 1792, porte, sur son avers, la Vierge.

Fifre du régiment d'infanterie « Thurn » (Jaune soufre, bouton jaune).

Fusilier du régiment d'infanterie « Belgiojoso » (rouge madère, bouton blanc).

Officier du régiment d'infanterie « von Huff » (rouge foncé, bouton blanc).

Fusilier du régiment d'infanterie « Pellegrini » (gris clair, bouton blanc).

L'armée austro-sarde *(le 15 Germinal an IV - 4 avril 1796)*

Commandant en chef
Général Michelangelo Alessandro Colli-Marchini

CORPS DE PROVERA

- 44e régiment d'infanterie « Belgiojoso » (autrichien) 2 bataillons + cies de grenadiers.
- Corps francs de Gyulai (autrichien) 2 bataillons.

GARNISON LA PEDAGGERA
Général de brigade Brempt

- Régiment d'infanterie de Vercelli 2 bataillons.
- Régiment d'infanterie Royal allemand 2 bataillons.
- Régiment d'infanterie de Gênes 2 bataillons.
- Régiment d'infanterie de Chiablese 2 bataillons.
- Corps des pionniers 1 bataillon.

AVANT-GARDE DE BORMIDA
Colonel Hills de Vigevano

- 2 bataillons et 2 compagnies de chasseurs.
- Régiment d'infanterie de Acqui 2 bataillons + 2 cies de chasseurs.
- Régiment d'infanterie de Tortona 1 bataillon.
- 1 bataillon de Chasseurs croates.
- 3 compagnies de Milice.

GARNISON FORT CEVA
Général Vital

- Régiment d'infanterie d'Oneglia 2 bataillons + deux cies de grenadiers.
- Régiment d'infanterie de Savoie 2 bataillons.
- Régiment d'infanterie de la Garde 1 bataillon.
- Régiment d'infanterie *« Stettler »* du Valais, 3 bataillons.

2e bataillon de grenadiers « Carret de la Tour »

AVANT-GARDE DE TANARO
Général de brigade Dichat

- Légion de Lecture 2 bataillons.
- Régiment d'infanterie de Turin 2 compagnies.
- Chasseurs et grenadiers de la Légion de Lire 6 compagnies.
- Chasseurs francs de Nice 11 compagnies.

CORPS DE BICOCCA
San Michele Mondov

- Régiment des grenadiers royaux 2 bataillons.
- Corps de garnison autrichien 1 bataillon.
- Régiment de grenadiers « Dichat » 2 bataillons.
- Régiment d'infanterie de Mondovi 2 bataillons + 1 compagnie de chasseurs.
- Réserve d'infanterie 5 + 1/2 bataillons.

Ci-dessus, de gauche à droite.
Fantassin, allemand, du régiment d'infanterie « Venceslas Colloredo ».
Fantassin, allemand, du régiment d'infanterie « Stein ».
Fantassin du 1er régiment d'infanterie hongroise « Banat ».
(Collection particulière, droits réservés)

L'infanterie autrichienne

Grenadier du régiment d'infanterie « Michael Wallis » (rose, bouton blanc).

Grenadier du régiment d'infanterie « von Schröder » (vert perroquet, bouton jaune).

Sous-officier grenadier du régiment d'infanterie « von Jordis » (jaune orange, bouton jaune).

Sapeur du régiment d'infanterie « Bréchainville » (vert de mer, bouton blanc).

Fusilier du 1er régiment de garnison (bleu foncé, bouton blanc).

Tambour du régiment d'infanterie « Terzy » (violet, bouton jaune).

Grenadier du régiment d'infanterie « Deutschmeister » (bleu ciel, bouton jaune).

Fusilier du régiment d'infanterie hongroise « Erzherzog Anton » (rouge foncé, bouton jaune).

L'infanterie autrichienne

Tambour des grenadiers du régiment d'infanterie « Ferdinand Toskana » (écarlate, bouton blanc).

Chasseur d'une compagnie de *Feldjagerkorps*.

Fusilier du régiment des frontières « Carlstadt-Likaner » (violet, bouton blanc).

Fusilier du régiment d'infanterie hongroise « von Alvinczy de Berberek » (bleu ciel, bouton blanc).

Fusilier du Grenz-régiment « Carlstadt-Warasdiner » (crabe, bouton jaune).

Fusilier du « Grenz-régiment Peterwardeiner » (bleu clair, bouton jaune).

Grenadier du régiment d'infanterie hongroise « Nadasdy » (écarlate, bouton blanc).

Tireur d'élite *Grenzer-Scharfschützen* du régiment des frontières « Carlstadt-Szluiner » (orange, bouton blanc).

La cavalerie autrichienne

Cavalier du régiment de dragons « Erzherzog » (cramoisi, bouton jaune).

Cavalier du régiment de chevau-légers « von Mészaros » (rouge, bouton jaune).

Officier du régiment de dragons de l'archiduc « Erzherzog ».

Cavalier du régiment de l'état-major « Stabs-Dragoner » (noir, bouton blanc).

Cavalier du régiment de dragons piémontais « del Ré ».

Les uhlans et hussards autrichiens

Cavalier du régiment de hussards « Erzherzog Joseph von Palatin ».

Cavalier du régiment de hussards « von Erdody ».

Cavalier du régiment de Uhlans « Meszaros ».

Cavalier du régiment de hussards « von Wurmser ».

L'artillerie autrichienne

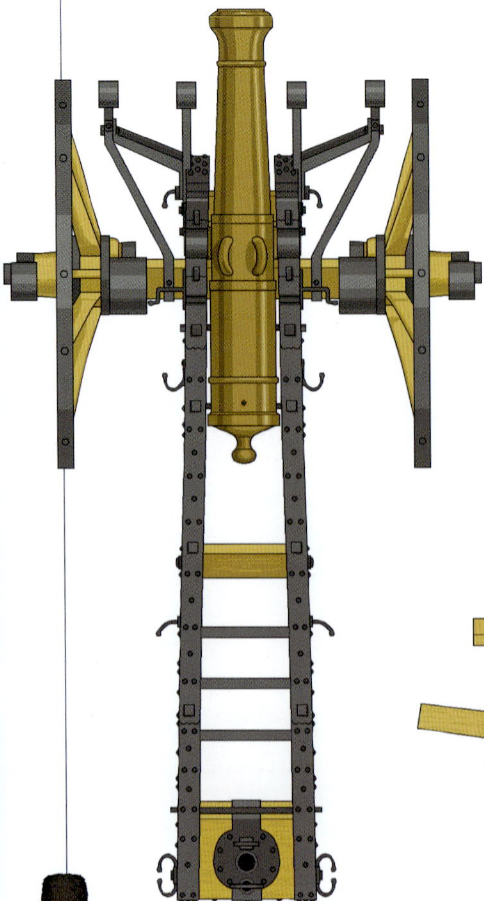

Pièces de 6
et caisson à munitions
de l'artillerie autrichienne.

Canonnier de l'artillerie volante autrichienne.

Canonnier à pied autrichien.

Canonnier de l'artillerie sarde.

Officier d'artillerie autrichienne.

le génie autrichien

Pionnier autrichien du *Pioners Korps*.

Sapeur autrichien.

Mineur autrichien.

Canonnier piémontais du régiment d'infanterie nationale « Savoia ».

Pontonnier autrichien.

Conducteur du train d'artillerie autrichienne.

Batelier hongrois (*Tschaikisten Korps*)

Officier ingénieur autrichien.

L'armée piémontaise

Fusilier piémontais du régiment d'infanterie nationale « Tortona ».

Chasseur de la compagnie « di Martini ».

Grenadier Piémontais du régiment d'infanterie « Nazionale Guardie ».

Chasseur piémontais du régiment d'infanterie provinciale « Mondovi ».

Sergent grenadier piémontais du régiment d'infanterie provinciale « Asti ».

Fusilier piémontais de la légion légère.

Fusilier piémontais du régiment d'infanterie provinciale « Acqui ».

Fusilier piémontais du régiment d'infanterie « Real Alemanno ».

L'armée piémontaise

Sapeur du régiment piémontais « Vercelli ».

Fusilier piémontais du régiment d'infanterie provinciale « Casale ».

Grenadier piémontais du régiment d'infanterie « provinciale Novara ».

Officier supérieur du régiment Piémontais « della Marina ».

Chasseur piémontais de la comagnie « Cacciotori di Canale ».

Fusilier piémontais du régiment d'infanterie provinciale « Torino ».

Fusilier Piémontais du régiment d'infanterie provinciale « Genevese ».

Fusilier piémontais du régiment d'infanterie provinciale « Chiablese ».

Les alliés italiens

Fantassin du corps franc autrichien de Gyulai.

Officier piémontais du régiment d'infanterie nationale « Monferrato ».

Grenadier de la république de Venise.

Fusilier des troupes du duché de Modène.

Dragon du grand-duché de Toscane.

Fusilier du régiment de la garde des États pontificaux.

Dragon du régiment « del Ré » du royaume de Naples.

Grenadier du régiment d'infanterie provinciale piémontaise « Susa ».

(suite de la page 126)
sont déployées pour éviter la conscription, mais le *Korporal* recruteur a, très souvent, tôt fait de jeter les insoumis dans le convoi se rendant au chef-lieu du secteur. Les autorités, en règle générale, s'abstiennent d'enrôler les hommes mariés ; pratique dérogatoire abandonnée en temps de guerre.

Ceux qui ne sont pas désignés sont *« simplement visités et mesurés »* et bénéficient d'un congé indéfini. Les autorités civiles substituent fréquemment à leurs administrés désignés tous les gens de sacs et de corde qu'elles peuvent rassembler (contrebandiers, braconniers, criminels en rupture de ban, vagabonds). Aucun conscrit potentiel n'est autorisé à partir s'installer dans un secteur exempt de conscription, ou à l'étranger, sans une autorisation civile et militaire. La fuite est punie d'une amende de 150 à 300 florins.

Des difficultés de recrutement

La taille requise est, au minimum, de 1,65 m. Faute d'une population militaire importante, l'exemption médicale est rare. Les autorités médicales et militaires ne sont pas tatillonnes : le règlement de 1784, suivi par les

Alvinczy, le général en chef autrichien, s'oppose à Bonaparte dans le nord de l'Italie.
(Collection particulière, droits réservés)

L'armée autrichienne *(le 21 Germinal an IV - 10 avril 1796)*

INFANTERIE

- « Confinari Carlstadt » (croate)
2 bataillons, 2 208 fantassins.
- « Confinari Slunj » (croate)
1 bataillon, 928 fantassins.
- 4e régiment d'infanterie « Hoch und Deutschmeister »
1er bataillon, 822 fantassins.
- 8e régiment d'infanterie « Huff »
2 bataillons, 1 561 fantassins.
- 13e régiment d'infanterie « Reisky »
3 bataillons, 1 788 fantassins.
- 16e régiment d'infanterie
3 bataillons, 1 848 fantassins.
- 19e régiment d'infanterie « Alvinczy »
2 bataillons, 1 643 fantassins.
- 23e régiment d'infanterie « Grand-Duc Ferdinand de Toscane »
2 bataillons, 755 fantassins.
- 24e régiment d'infanterie « Preiss »
1er bataillon, 811 fantassins.
- 25e régiment d'infanterie « Brechainville »
1er bataillon, 607 fantassins.
- 26e régiment d'infanterie « Wilhelm Schröder » 1er bataillon, 570 fantassins.
- 27e régiment d'infanterie « Strassoldo »
2 bataillons, 1 199 fantassins.
- 39e régiment d'infanterie (hongrois) « Nádasdy »
2 bataillons, 1 518 fantassins.
- 43e régiment d'infanterie « Thurn »
3 bataillons, 2 233 fantassins.
- 45e régiment d'infanterie « Lattermann »
2 bataillons, 1 200 fantassins.
- 49e Régiment d'infanterie « Pélerin »
1er bataillon, 806 fantassins.
- 50e régiment d'infanterie
1er bataillon, 869 fantassins.
- 52e régiment d'infanterie (hongrois) « Archiduc Anton Victor »
1 bataillon, 1 156 fantassins.
- 56e régiment d'infanterie « Wenzel Colloredo »
2 bataillons, 1 497 fantassins.

CAVALERIE

- 2e régiment de hussards « Archiduc Joseph »
10 escadrons, 1 562 cavaliers.
- 9e régiment de hussards « Erdödy »
2 escadrons, 333 cavaliers.
- 10e régiment de uhlans « Mészáros »
8 escadrons, 1 244 cavaliers.

ARTILLERIE

- Artillerie de campagne
26 canons de 6 livres
20 canons de 12 livres
14 obusiers de 7 livres
- Artillerie montagne
3 canons de montagne de 1 livre
- Artillerie à cheval
4 canons de 6 livres
2 obusiers de 7 livres

ROYAUME DE NAPLES

- Régiment de cavalerie du roi
4 escadrons.
- Régiment de cavalerie de la reine
4 escadrons.
- Régiment de cavalerie du prince
4 escadrons.

CORPS AUXILIAIRE AUTRICHIEN
ET CORPS SARDE

- 44e Régiment d'infanterie « Belgiojoso »
2 bataillons, 653 fantassins.
- Bataillon Grenadier « Strassoldo » (italien)
- 1er régiment de garnison
1 bataillon, 626 fantassins.
- 2e régiment de garnison
1 bataillon.
- Corps de Franco Gyulai
3 bataillons, 484 fantassins.
-Dragons de l'état-major général
4 escadrons, 427 cavaliers.
- Artillerie + train
287 hommes.
- Régiment d'infanterie de Gênes
2 bataillons.
- Régiment d'infanterie de Chiablese
2 bataillons.
- Corps des pionniers
1 bataillon.

AVANT-GARDE
DE BORMIDA
Colonel Hills
de Vigevano

- 2 bataillons et
2 compagnies de chasseurs
- Régiment d'infanterie de Acqui
2 bataillons + 2 compagnies de chasseurs
- Régiment d'infanterie de Tortona
1 bataillon
- 1 bataillon de Chasseurs croates
- 3 compagnies de Milice

GARNSON DE FORT CEVA
Général Vital

- Régiment d'infanterie d'Oneglia
2 bataillons et deux grenadiers.
- Régiment d'infanterie de Savoie
2 bataillons.
- Régiment d'infanterie de la Garde
1 bataillon.
- Régiment d'infanterie « Stettler » (Valais)
3 bataillons.
- 2e bataillon de grenadiers « Carret de la Tour »

AVANT-GARDE DE TANARO
Général de brigade Dichat

- Légion de Lecture
2 bataillons.
- Régiment d'infanterie de Turin
2 compagnies.
- Chasseurs et les grenadiers Légion de la Lire
6 compagnies.
- Chasseurs francs de Nice
11 compagnies.

CORPS DE BICOCCA
San Michele de Mondovi

- Régiment royal de grenadiers
2 bataillons.
- Troupes de garnison (Autriche)
1 bataillon
- Régiment de grenadiers Dichat
2 bataillons.
- Régiment d'infanterie de Mondovi
2 bataillons + 1 compagnie de chasseurs.
- Réserve d'infanterie
5 + 1/2 bataillons.

« chirurgiens de camp », très strict sur les exemptions, est rédigé à partir de la constatation suivante : *« si nous voulions seulement prendre ceux qui sont robustes et fortement faits, dotés d'un large torse, le nombre des conscrits acceptés tomberait très bas »*. Les conscrits les plus instruits sont envoyés dans les régiments de cavalerie et les batteries d'artillerie.

Le service est de 25 années – une vie – excepté pour les boulangers et les fourbisseurs qui sont enrôlés pour seulement trois ans.

Avant 1802, hormis une incapacité complète, le soldat autrichien ne peut être libéré que si sa situation familiale l'exige : un héritage, un mariage, une propriété ou des affaires qui nécessitent sa présence. Toutefois, cette libération ne peut intervenir que si les autorités de son secteur peuvent fournir un remplaçant.

Polonais et Russes

À partir de 1782, et jusqu'en 1808, les régiments allemands peuvent recruter dans les *Aushilfsbezirke* (secteurs supplémentaires) de Galicie deux régiments par *Bezirk* (unité administrative polonaise). Cette population *« oisive, stupide et alcoolique »* de Galicie (près de 54 000 Polonais, Ruthènes et autres Russes) contribue à l'effort de guerre autrichien pour onze régiments.

Les troupes hongroises

Le contingent en provenance de Hongrie – c'est-à-dire, les provinces croates, hongroises et de Transylvanie – passent, durant la période qui nous intéresse, de 35 000 à 63 000 hommes. Un tout petit peu plus de six mille nouvelles recrues, chaque année, rejoignent l'armée de l'empereur.

Célèbres pour leur esprit guerrier, les provinces de l'Est vivent toujours sous un système de type féodal. Elles fournissent à l'infanterie des soldats issus d'une population rurale *« aussi grossière et sauvage que les animaux parmi lesquels elle vit »*. Les formations issues de ces régions sont, le plus souvent possible, employées pour précéder l'armée et préparer des embuscades. Les troupes « hongroises » sont souvent de type irrégulier ou d'avant et d'arrière-garde.

Chaque secteur fournit un quota fixé et sélectionné par les seigneurs locaux. Les conscrits sont avant tout des serfs, mais de nombreux volontaires, mus par l'esprit d'aventure, sont aussi enrôlés. Les paysans libres sont épargnés, le plus souvent. Afin de compléter les listes, les

Ci-contre. Fantassin du « Corps des volontaires de Vienne ». Ce sont ces jeunes Viennois qui sont envoyés en Italie, au début de 1797, afin de recompléter les grands corps autrichiens. *(Collection particulière, droits réservés)*

À droite. En 1798, un an après les derniers combats en Italie, les uniformes de l'armée autrichienne changent. Ici, la nouvelle tenue d'un sous-lieutenant d'infanterie allemande. *(Collection particulière, droits réservés)*

Ci-contre.
L'*Oberforster* von Lischna est ici accompagné de cinq de ses volontaires. Tous sont en tenue de campagne.
(Collection particulière, droits réservés)

recruteurs n'hésitent pas à faire appel – contre une prime de 5 florins – aux *Abstellung ex officio:* étrangers, marginaux, escrocs, vagabonds, catholiques hérétiques, renégats. Il va sans dire que les recruteurs font le plus souvent, dans ces recrutements, peu de cas des réalités juridiques. L'appel fait à ces expédients s'accentuant, les propriétaires terriens entreprennent tout ce qui est possible pour conserver leurs paysans, trichant sur leurs qualifications, les cachant même parfois.

En 1781, par exemple, 23 680 hommes sont enrôlés, sur un total de 280 344 conscrits disponibles. Les mariages fréquents, l'exode rural et les guerres contre les Turcs ramènent ces chiffres à 15 963 et 69 020 respectivement au début des années 1790. À l'aube du XIXe siècle, seul un Hongrois sur 130 sert à l'armée. Les troupes ne se maintiennent au plus haut que par le recrutement de volontaires, particulièrement en Allemagne, malgré l'obligation de ne pas avoir plus d'un tiers de l'unité constitué d'étrangers.

Le poids des « volontaires » étrangers

Tous les régiments, en effet, recrutent des volontaires – *Regimentswerbung.* Les unités entièrement composées d'Italiens, de Wallons ou de Tyroliens auront, toutes ou presque, disparu en 1797. Les foires, comme dans la France d'Ancien régime, sont de bons endroits pour les sergents-recruteurs qui séduisent les paysans en manque d'argent ou en mal d'aventure.

La prime d'engagement pour les étrangers est de 35 florins (15 pour les volontaires non majeurs). Le service volontaire est d'une durée de six à huit ans pour les sujets allemands ou hongrois; les étrangers sont enrôlés pour une « capitulation » de six ans. Jusqu'en 1806, l'Autriche recrute aussi dans les états du Saint-Empire Romain *(Reich).* Quatre régiments sont directement recrutés, mais d'autres volontaires peuvent être enrôlés selon les nécessités.

L'Allemagne du sud fournit des troupes considérées comme particulièrement qualifiées en raison, surtout, de leur niveau d'éducation plus élevé. La moitié des sous-officiers des unités allemandes proviennent de la « Reichswerbung ». Les difficultés de recrutement poussent les officiers de garnison à tout tenter pour persuader les bonnes recrues arrivées en fin d'engagement de signer à nouveau au régiment. Une prime supplémentaire – pouvant grimper jusqu'à 32 florins – est proposée.

L'enrôlement pour quelques années seulement et les primes généreuses poussent de nombreux sujets de l'Empire à se présenter aux offices de recrutement du *Reich.*

9 sources et bibliographie

SOURCES PRIMAIRES

I. Archives du SHD.

II. Archives nationales
« Bulletin des lois de la République ».

III. Bibliothèque du musée de l'Armée
« Collections des décrets ».

IV. Bibliothèque Nationale, cabinet des estampes.

LES MÉMOIRES

« Mémoire de Napoléon. La campagne d'Italie », présentées par Thierry Lentz, Tallandier, 2016.

« Mémoires de Barras », Le temps retrouvé, Mercure de France, 2010.

LES LIVRES

LA RÉVOLUTION

« Histoire de la Révolution française. De la Bastille à la Gironde ». Albert Soboul, Paris, « Collection Idées », Gallimard, 1962.

« La Révolution Française déclare la guerre à l'Europe », Frank Attar, Paris, « La mémoire des siècles », éditions Complexe, 1992.

« La fin du renversement des alliances: la France, l'Autriche et la déclaration de guerre du 20 avril 1792 », Thomas E. Kaiser, Annales historiques de la Révolution française, n° 351, janv.-mars 2008.

« Valmy, la démocratie en Armes », Jean-Paul Bertaud, Paris, « Collection archives », Julliard, 1970.

« Robespierre et la guerre, une question posée dès 1789 ? » Thibaut Poirot, Annales historiques de la Révolution française, n° 371, 2013, 115-135.

« Les Thermidoriens, le Directoire », Georges Lefebvre, Armand Collin, 1960.

« Les Thermidoriens », Jean Tullard, Fayard, 2005.

« Barras », Christine Le Bozec, Perrin, 2016.

NAPOLÉON BONAPARTE

« Napoléon Bonaparte », sous la direction de Dimitri Casali, Larousse 2004.

« Bonaparte », Georges Montorgueil et illustrations de JOB, Langlaude, 2011.

« Bonaparte », Patrice Gueniffey, NRF Gallimard, 2013.

L'ART DE LA GUERRE

« L'éducation militaire de Napoléon », Jean Colin, Teissèdre en 2001.

« Napoléon en campagne », colonel Jean-Baptiste Vachée, Bernard Giovanangeli éditeur, 2003.

« Précis des campagnes », colonel Camon, éditions Teissèdre, 1999.

« La guerre napoléonienne. Les systèmes d'opérations », général Camon, Économica, 1997.

« La révolution militaire napoléonienne, tome I, Les manœuvres », Stéphane Béraud, Bernard Giovanangeli éditeur, 2007.

« La révolution militaire napoléonienne, tome II, Les batailles », Stéphane Béraud, Bernard Giovanangeli éditeur, 2013.

LES ARMÉES DE LA RÉVOLUTION

« Dictionnaires des armées de Terre et de mer - Encyclopédie militaire et maritime », comte de Chesnel, Armand le Chevallier éditeur, Paris, 1864.

« Dictionnaire biographique des généraux et amiraux français de la Révolution et de l'Empire », Georges Six, Georges Saffroy Éditeur, Paris, 1934.

« L'Armée et la Révolution. Du service du Roi au service de la Nation ». Bernard Deschard, Desjonquères, 1989.

« Drapeaux et étendards de la Révolution et de l'Empire », Pierre Charrié, Copernic, 1982.

« Les drapeaux de la Révolution et de l'Empire, L'infanterie 1786-1815 », Ludovic Letrun, Histoire & Collections, 2009.

« La cavalerie au temps des chevaux », Colonel Marcel Dugué Mac Carthy, EPA, 1989.

LA PREMIÈRE CAMPAGNE D'ITALIE

« La campagne d'Italie », Carl von Clausewitz, Pocket, 1999.

« La première campagne d'Italie, 1795-1798 », Édouard Gachot, Perrin, 1901.

« Les guerres de la révolution, de Jemmapes à la campagne d'Italie », Antoine de Jomini, Pluriel, Éditions Hachette, 1998.

« Napoléon Bonaparte et la première campagne d'Italie », Jean Tranié, J.-C. Carmigniani, Pygmalion, 1990.

« Bonaparte en Italie, Naissance d'un stratège », Stéphane Béraud, Bernard Giovanangeli éditeur, 1996.

« Napoléon et l'Italie, 1805-1815 », Gilles Boué et Juan-Carlos Carmignani, Histoire & Collections, 2016.

« Bonaparte en Italie, 1796-1797 », Guglielmo Ferrero Texto, Tallandier, 2017.

« La première campagne d'Italie. La Naissance d'un aigle », Gérard Bouan, Economica, 2011.

LES UNIFORMES, LES ARMES, LES ÉQUIPEMENTS

« Guide à l'usage des artistes et des costumiers », H. Malibran, Verlag, Heere der vergangenheit, J. Olmes Kreffeld, 1972.

« Les uniformes de l'Armée française depuis 1690 à nos jours », Lienhart et Humbert, Paris, 1983.

« Les boutons français », L. Fallou. Éditions du Canonnier.

« L'armée de Napoléon, Uniformes du Ier Empire, 1792-1815 », Jacques Domange, LCV.

En tête du rapport adressé par Bonaparte aux Directeurs le 18 fructidor an IV. *(Collection particulière, droits réservés)*

En bas.
Les généraux français découpant l'Europe, Bonaparte en tête. *(Collection particulière, droits réservés)*

« Les uniformes et les armes des soldats de la Révolution française », Liliane et Fred Funcken, Casterman, 1989.

« Armes à feu réglementaires » volumes I et II, Jean Boudriot, chez l'auteur, Paris, 1977.

« Armes blanches », les Cahiers de Christian Aries et Michel Pétard, chez l'auteur.

« Équipements militaires, 1600-1870 », tomes II, III IV et V. Michel Pétard, chez l'auteur, 1985, 1986, 1987, 1988.

« La cavalerie française et son harnachement », Colonel Marcel Dugué Mac Carthy, Maloine, 1985.

LES REVUES

Collection des revues *Uniformes*, *Tradition Magazine*, *Guerre & Histoire*, *La revue Napoléon*, *Soldat*.

LES PLANCHES UNIFORMOLOGIQUES

Collection des planches *Rigo « Le Plumet »*,
Collection des planches *« L'Armée Française »* de Lucien Rousselot.

Remerciements

Je tiens à rendre hommage à Lucien Rousselot, Rigo « Le Plumet », Michel Pétard, le docteur François-Guy Hourtoulle, Juan-Carlos Carmignani et à tous les illustres prédécesseurs pour leur exemple, leurs travaux et leurs publications.

Je veux remercier André Jouineau, Pascal da Silva, Frédéric Bey, Bernard Giovanangeli et Nicolas Stratigos pour leur aide et leurs conseils précieux.
Sans oublier, Ludovic Letrun sans qui cet ouvrage aurait perdu de son attrait, et Jean-Louis Viau pour son indéfectible soutien.

Merci à *Heimdal* de m'avoir permis de réaliser ce premier ouvrage « Révolution-Empire » en Normandie.

Qu'Eva Allaire et son précieux travail de relecture, sans oublier sa présence au fil des jours, soit ici aussi remerciée.

L'hommage rendu au grenadier, nouveau symbole de la réalité du pouvoir.
(Gravure de Detaille, collection particulière, droits réservés)

Achevé d'imprimer en décembre 2018 sur les presses de l'imprimerie *Skeinkarz* (Union européenne)
pour le compte des *Éditions Heimdal*.
Georges Bernage, éditeur